HANS-JÜRGEN FRAAS

Glauben und Lernen

Ein theologisch-didaktischer Leitfaden
für die Elementarerziehung

VANDENHOECK & RUPRECHT IN GÖTTINGEN

Hans-Jürgen Fraas

Geboren am 18. 2. 1934 in Dresden, Studium der Theologie in Leipzig und Berlin (Humboldt-Universität); Dr. theol. 1960 Berlin, Habilitation 1968 Erlangen; seit 1969 o. Prof. für Religionspädagogik an der ehemals Pädagogischen Hochschule, heute Universität Augsburg.
Veröffentlichungen: Katechismustradition (1971); Religiöse Erziehung und Sozialisation im Kindesalter (1973, 3. Aufl. 1978); Am Anfang des Lebens (mit H. May, 1978).

CIP-Kurztitelaufnahme der Deutschen Bibliothek

Fraas, Hans-Jürgen
Glauben und Lernen: Ein theologisch-didaktischer Leitfaden für die Elementarerziehung. –
Göttingen: Vandenhoeck und Ruprecht, 1978.
(Kleine Vandenhoeck-Reihe; 1444)
ISBN 3-525-33424-9

Kleine Vandenhoeck-Reihe 1444

Umschlag: Hans-Dieter Ullrich.
Gesamtherstellung: Verlagsdruckerei E. Rieder, Schrobenhausen

INHALT

VORWORT

Die vorliegende Veröffentlichung ist aus einer langen Reihe von Gesprächen hervorgegangen, die hauptsächlich in Fortbildungsveranstaltungen mit Erzieherinnen im Elementarbereich geführt wurden. In erster Linie sind diejenigen Fragen und Probleme hier eingearbeitet, die dort ständig wiederkehrten. Damit ergab sich für mich zugleich die Gelegenheit zu dem Versuch, einige früher entwickelte Gedanken aufzunehmen und unter Berücksichtigung von Mißverständnissen und kritischen Einwänden ein Stück weiterzuführen.
Durch Verzicht auf fachinterne Auseinandersetzung und durch weitgehende Vermeidung einer fachspezifischen Begrifflichkeit soll einem möglichst breiten Leserkreis die Lektüre zugänglich gemacht werden. Ich hoffe, daß ich damit zur theoretischen Vertiefung der heute schon in weitem Umfang herrschenden religionspädagogischen Praxis beitragen kann.

München H.-J. Fraas

KIRCHE UND BILDUNG

Bildungsdiskussion der letzten zwei Jahrzehnte. Seit der sogenannten Bildungssynode in Frankfurt 1971 hat sich die Evangelische Kirche verstärkt den Problemen zugewandt, die mit den Begriffen „Bildung“, „Lernen“, „Erziehung“ umschrieben sind. Das kam nicht von ungefähr. Vielmehr ist in der psychologischen Forschung der letzten Jahrzehnte die Lerntheorie ganz intensiv in den Mittelpunkt getreten, und dies wiederum ist nicht abzulösen vom gesellschaftlichen bzw. politischen Bezugsrahmen, in dem die Wissenschaft steht:
Auslöser der öffentlichen Diskussion war der „Sputnik-Schock“, der um 1957 die USA betroffen machte. Damals wurden die vorschulischen Lernprogramme in der UdSSR bekannt – der amerikanische Kongreß billigte daraufhin 1964 das Head-Start-Programm, 1967 propagierte in der BRD H.-R. Lückert im Anschluß an Doman (1966) die Frühlesemethode, H.-G. Picht rief den Bildungsnotstand aus, man sprach von Bildungskatastrophe und versuchte die Gesellschaft in eine „Lerngesellschaft“ zu verwandeln. Alle diese Impulse lösten eine Hektik auf dem Bildungssektor aus, deren Konsequenzen heute längst zum Problem geworden sind. „Lernen“ wurde zum Thema Nr. 1. „Noch nie ist in einem Zeitalter so viel Hoffnung auf das institutionalisierte Lehren und Lernen gesetzt worden wie in dem unseren. Noch nie hat es so viele, so ausgedehnte, so beherrschende und so kostspielige Bildungseinrichtungen gegeben wie heute. Lernen, mehr lernen, schneller lernen, leichter lernen in neuen, schöneren Schulen, an effizienteren Lehrmitteln, immer besser lernen, sein Leben lang lernen, spielend lernen, Lernerfolg, Lernprozeß, Lernbereitschaft, Lernleistung – unsere Alltagssprache ist durchsetzt mit Formeln und Begriffen, die implizit versprechen, das zu lösen, was andere Anstrengungen nicht gelöst haben . . . “ (Hentig 117).
Die Euphorie im Hinblick auf die menschliche Lernfähigkeit wurde durch anthropologische Erkenntnisse untermauert: die Instinktverunsicherung des Nesthockers Mensch, seine Weltoffenheit, sein Spezialisiertsein auf Nichtspezialisierung, seine exzentrische Positionalität. Damit prallten aber schon die gegensätzlichen Theorien hart aufein-

ander: Die eben formulierte Erschöpfung der menschlichen Lernkapazität in den ersten Lebensjahren wurde infragegestellt durch das Programm des lebenslangen Lernens; dem einseitig kognitiven Lernverständnis der Frühlesemethode und anderer Theorien wurde widersprochen durch die Betonung affektiver Lernvorgänge (Mitscherlich) bzw. des Erwerbs von Verhaltensmustern (Behaviorismus); der Gesamtvorgang der Weltaneignung durch das Kind (Sozialisation) wurde gegen die Vereinseitigung gezielt veranstalteter Lernprozesse (Erziehung) ausgespielt; grenzenlose Machbarkeit und personale Freiheit traten in unversöhnlichen Gegensatz; Anlage- und Umwelttheorien stießen sich im Raum usw. Vor allem zwei antagonistische Interessen waren dabei am Werk, das Interesse frühzeitiger maximaler Leistungssteigerung und das Interesse ganzheitlich-freiheitlicher Entfaltung der Persönlichkeit (Nipkow 1972, 26).

Der Lernbegriff. Aus der unterschiedlichen Motivation der einzelnen Impulse heraus war der gewonnene Lernbegriff verschwommen und ist als ein solch verschwommener in viele neuere Curricula auch für den Religionsunterricht eingegangen – Begriffe wie Erkennen, Erfahren, Verstehen schillern zwischen dem maximalen Anspruch ganzheitlich-personaler Entwicklungsschritte und dem minimalen eines schlicht kognitiven Zur-Kenntnis-Nehmens (vgl. die Curricularen Rahmenpläne für den evangelischen Religionsunterricht an den Schulen Bayerns).

Lernen in der Religionspädagogik. Damit ist schon gesagt: Auch die Religionspädagogik hat an der allgemeinen Entwicklung teilgenommen. Curricula sind entstanden (seit 1970) und verworfen worden, das Prinzip der Lernkontrolle wurde teils über-, teils unterbewertet, die grundlegende Wichtigkeit der religiösen Elementarerziehung wurde herausgearbeitet und angefochten, religiöse Anlage und religiöse Sozialisation wurden gegeneinander ins Feld geführt – kurz, die Elemente der allgemeinen Diskussion wurden im Bereich der Religionspädagogik wiederholt und teils ad absurdum geführt, so daß K. Wegenast 1968 von einer „empirischen Wendung“ in der Religionspädagogik sprechen konnte.

Geschichtliches. Dabei sind die Probleme für die Religionspädagogik keineswegs neu, denn gerade auf diesem Gebiet wußte man schon immer um die Notwendigkeit, den Menschen ganzheitlich anzusprechen und sein Verhalten zu ändern – das bloße Wissen von Gott haben nach Luther auch die Teufel; der Glaube soll aber Früchte bringen, und man sollte dem Christen sein Erlöstsein abspüren können. Aber entgegen diesem Wissen und diesem Wollen blieb die zugrundeliegende Lerntheorie kognitiv bestimmt. Jahrhundertelang herrschte im abendländischen Bildungsgeschehen der intellektualistische Lernbegriff, wie er seit Sokrates formuliert war: Das Gute zu kennen heiße, es auch zu tun. In der evangelischen Religionspädagogik verband sich zudem der intellektualistische Lernbegriff mit bestimmten dogmatischen Prinzipien der lutherischen Orthodoxie, nämlich der Lehre von der Wirksamkeit und Selbstgenügsamkeit der heiligen Schrift, d.h. in einer pädagogisch vereinfachenden Auslegung, daß die Bibel kraft des heiligen Geistes aus der bloßen Kenntnis ihres Wortlautes heraus die rechte Erkenntnis und damit auch das rechte Verhalten im Menschen wirke. Hinter dieser Auffassung steht das Bestreben nach Lehreindeutigkeit, das dazu führt, daß die Fülle möglicher Glaubensaussagen auf eine kirchlich anerkannte Lehrmeinung reduziert werden konnte. Schließlich sind diese Gedanken im Ideal der Laienmündigkeit verankert; der Laie sollte befähigt werden, über Lehre zu urteilen. Wenngleich der Begriff der Lehre hier durchaus über ein einseitig intellektualistisches Verständnis hinausging, so liefen die vereinfachenden Auswirkungen in der Praxis jedoch in eben diese Richtung. Was nach den Kirchenordnungen des 16. Jhs. Einübung und Eingewöhnung in den evangelischen Glauben bedeuten sollte, wurde mehr und mehr zur Einübung in den Wortlaut des Katechismus. Später hat man dieses Verfahren als Memoriermechanismus und „Maulbrauchen“ (Pestalozzi) disqualifiziert; aber man kam über die methodischen Grenzen nicht hinaus. Selbst der Pietismus, der ausdrücklich den Schwerpunkt vom Kopf zum Herzen verlagern wollte und damit stark auf die affektiv begründete Lebenshaltung zielte, gelangte in der Methodik nicht weiter. Wenn C. Höfer seinem „Himmelsweg“, Augsburg 1677 den Untertitel gab: „Wie ein Kind in 24 Stunden lernen kann, wie es soll der Höllen entgehen und seelig werden“, so liegt hier bereits programmierte Unterweisung im Vorstellungshorizont; aber gerade damit wird das tiefgehende Anliegen des Pietismus auf den kognitiven Bereich reduziert. Die dritte katechetische Grundform der Anwendung (applicatio), die im pietistischen Katechismus zur Darbietung des Stoffes (recitatio) und zur Auslegung (explicatio) hinzutrat, wirkte

sich als neuer Stoffbereich aus, der mit den jeweiligen Fragen nach Bedeutung für (Lebens-)Lehre und Trost eines jeden Lehrstücks wiederum kognitiv vermittelt wurde. Über die Aufklärung (G. Fr. Dinter 1760–1831) und Fr. Herbart (1776–1841) zieht sich eine Linie hin bis zu Th. Wilhelms Ansatz des Lernens als Klärung von Vorstellungen, der im religionspädagogischen Bereich dann eben auf die religiösen Vorstellungen des Kindes anzuwenden ist (Theorie der Schule, 1967, 18. Kapitel). Aber auch dort, wo man heute durch die bloße Vermittlung biblischer Stoffe im frühen Kindesalter glaubt, den Kindern das gläubige Christsein erschließen und vermitteln zu können, bleibt man in dieser traditionsgeprägten Spur.
Allerdings haben auch die neueren gegenläufigen Impulse seit der inneren Schulreform ständig auf die Religionspädagogik eingewirkt (S. Wolf, Evangel. Unterweisung und innere Schulreform, München 1959) und hat das ganzheitlich bestimmte Menschenbild der Bibel zu fortdauernder Aktionsgemeinschaft vor allem mit den tiefenpsychologisch orientierten pädagogischen Denkansätzen geführt.
Gerade aus dem Wissen heraus um die Notwendigkeit ganzheitlichen Lernens, aus der Verschränkung zwischen methodischen und dogmatischen Denkelementen und aus der hohen Wertigkeit, die die religiöse Erziehung für den Glaubenden besitzt, ist die Religionspädagogik in besonderem Maß dem Aufprall der gegensätzlichen Theorien ausgesetzt.

Gegenwärtige Situation. Inzwischen sind die allgemeinen Bildungsprobleme nicht mehr so populär, werden in der öffentlichen Diskussion eher verdrängt und lösen beim „Verbraucher" zumeist Verärgerung aus. Die erst als Propheten gepriesen wurden, gelten nun geradezu als Verführer. Man ist der ständig neuen Theorien und der bildungspolitischen Experimente müde, um so mehr, als sich vieles als Holzweg erwiesen hat, und flüchtet in die Resignation.
Gerade darum scheint es an der Zeit, nach dem bleibenden Ertrag der verschiedenen Impulse zu fragen. Zumindest einige Gedanken lassen sich nennen, in denen weitgehende Übereinstimmung erzielt worden ist.

Fazit. Lernen wird heute allgemein nicht mehr als Wissenszuwachs definiert, sondern als Verhaltensänderung. H. Roth spricht von „Verbesserung oder Neuerwerb von Verhaltens- und Leistungsformen und ihren Inhalten". „Lernen meint aber meist noch mehr, nämlich die Änderung bzw. Verbesserung der diesen Verhaltens- und Leistungsformen vorausgehenden und sie bestimmenden seelischen Funktionen des Wahrnehmens und Denkens, des Fühlens und Wertens, des Strebens und Wollens, also eine Veränderung der inneren Fähigkeiten und Kräfte, aber auch der durch diese Fähigkeiten und Kräfte aufgebauten inneren Wissens-, Gesinnungs- und Interessenbestände des Menschen." Lernen betrifft also die Person als Ganzheit.

Damit ist ein zweites angedeutet: Lernen ist zukunftsorientiert. Wenn W. Klafki in seiner didaktischen Analyse nach der Zukunftsbedeutung eines Inhaltes für den Schüler fragt, so umfaßt der Begriff der Zukunft heute eine dreifache Dimension: Zukunft im Sinn der Biografie des Einzelnen (die Krankheit, die mich vielleicht trifft), Zukunft im Sinn allgemein-biografischer Gesetzmäßigkeiten (das Problem der Berufswahl oder des Alterns), und Zukunft im Sinn der unabsehbaren Offenheit (was wird im Jahr 2000 sein?). Diese letztere Dimension ist das Neue an unserer Situation, weil diese Zukunft in höherem Maß als je zuvor unberechenbar ist. Von diesem Unsicherheitsfaktor her gewinnt das Lernen die Tendenz zum Dynamischen, Anpassungsfähigen, Kreativen.

Lernen verläuft – das ist eine dritte Erkenntnis – in sozialen Bezügen, im gemeinsamen Tun, im Nachahmen. Daher erhält, neben der Funktion der Anlagen, die Umwelt eine stärkere Bedeutung, als das im früheren biologistischen Denken der Fall war (die Kinder-„Gärtnerin", sofern der Begriff noch gebräuchlich ist, erinnert am stärksten noch an die pflanzenhafte Idylle früherer Entwicklungsvorstellungen). Damit wird der weitergehende Begriff der Sozialisation zum Bezugsrahmen, innerhalb dessen Erziehung stattfindet: Sozialisation als Menschwerdung im Sinne des Menschen als eines Kulturwesens – Erziehung als der gezielte, bewußt veranstaltete Anteil dieses Vorgangs.

Lernen ist schließlich – auch das gilt heute allgemein – nicht auf die Schule beschränkt, sondern bezieht sich ebenso auf die vorausgehenden, begleitenden und nachfolgenden Beziehungen, in denen das Kind steht, und in denen immer auch Lernprozesse stattfinden.

Wenn wir es nun vermeiden wollen, sporadisch diese oder jene neuere Erkenntnis in der Religionspädagogik anzuwenden, – wenn wir vielmehr die Beziehung von Lernen und Glauben grundsätzlich durchdenken wollen, dann ist zunächst nach der Rolle zu fragen, die die Kirche in dieser Situation einnimmt; denn es ist offenkundig, daß die abendländische Bildungsgeschichte aufs engste mit der Kirche verwoben ist – man denke an die Klosterschulen, die Entstehung der Universitäten, die Bedeutung von Luthers Bibelübersetzung und Katechismen usw., man denke an kirchliche Kindergärten, Schulen, Fach- und Hochschulen, an Religionsunterricht, Jugendarbeit und Erwachsenenbildung in heutiger Zeit: „Die Kirche ist bildungspolitisch nicht neutral“) Nipkow 1972, 40).

Nun sind die genannten neueren Denkansätze dem christlichen Denken nicht fremd: Daß der Glaube nicht auf Wissen zielt, sondern auf Veränderung der Person, wurde schon gesagt. Die Zukunftsorientierung entspricht in ihrem letzten Sinn dem, was die Theologie das „Eschatologische“ nennt. Daß der Christ stets auf Gemeinde bezogen ist, in der und mit der er glaubt, ist eine christliche Grundaussage, der der Individualismus der vergangenen hundert Jahre allerdings häufig entgegenstand. Schließlich weiß der Glaubende auch, daß er im Glauben niemals „fertig“ wird, sondern daß er lebenslang ein Lernender bleibt.

Aber das alles ist keineswegs so selbstverständlich, wie es auf den ersten Blick erscheint. Denn auch das frühere, vorangegangene Lernverständnis stand mit dem damaligen Selbstverständnis des christlichen Glaubens in Beziehung: Statisches Weltbild, statische Gesellschaft, statisches Bildungsdenken, intellektualistisch-bibeltheologisches Verkündigungsverständnis, Traditionsbindung und Orientierung am Schöpfer-Gott stehen untereinander ebenso in einem verzweigten wechselseitigen Zusammenhang wie umgekehrt das dynamische Weltbild, die fluktuative Gesellschaft, das curricular-offene Bildungsdenken mit den ganzheitlich-offenen religionspädagogischen Vermittlungstheorien und einer stärker am dritten Artikel, an der Neuschöpfung, am Eschatologischen orientierten Theologie. (Es liegt am Charakter der Neuheit und vergleichsweise kurzen Zeitspanne der Ausarbeitung, wie aber auch am Charakter unserer offenen und weniger präzise beschreibbaren Zukunft, wenn die neueren theologischen Entwürfe ebenso wie die entsprechenden Bildungstheorien und curricularen Ansätze unsystematischer, offener und kritikanfälliger wirken als die früheren Denksysteme. Wir machen es uns daher zu leicht, wenn wir allzu schnell auf das durch lange Tradition Gesicherte uns zurückziehen.)

Kirche kann sich also im Rahmen der Dynamisierung der Gesellschaft und des Weltbildes nicht ausschließlich als Verwalterin von Tradition verstehen, sondern muß sich selbst – entsprechend der genannten Wechselbeziehung – auf diesen offenen Lernprozeß einlassen. Zu diesem Lernprozeß gehört es, daß die Kirche innerhalb der pluralistischen Gesellschaft ihrer Funktion als Salz der Erde neu gerecht werden muß. Das heißt, daß das mittelalterliche Ziel der Verchristlichung der Welt durch das andere, Verwirklichung des christlichen Glaubens in der Welt und für die Welt, ersetzt ist. In der Praxis ist dieser Zielwechsel noch keineswegs so weitgehend vollzogen, wie man meinen könnte. Denn auch der voll engagierte Religionslehrer, Konfirmator oder wer immer müßte dann unterscheiden zwischen dem engeren Ziel, der Kirche jeweils wohl nur eine gewisse Anzahl junger Glieder zuzuführen, die die (durch die Taufe) „zugeschriebene Mitgliedschaft soweit wie möglich in erworbene, bewußt bejahte Mitgliedschaft" umsetzen (K.Dienst 32), damit, soweit es in menschlichen Kräften steht, auch in Zukunft das weitere Ziel verwirklicht werden kann: dem Einzelnen und der Gesellschaft zu möglichst umfassender christlich verstandener Selbstverwirklichung zu verhelfen.

Die Kirche muß auch in Gestalt ihrer einzelnen Glieder diese neue Rolle annehmen und entsprechende Akzente setzen, ohne damit einem einseitigen Anpassungsprozeß an das jeweils Aktuelle zu verfallen. Sie muß vielmehr dies deutlich machen, daß Grundelemente des biblisch-christlichen Glaubensverständnisses hier wieder aufgenommen werden, die über Jahrhunderte hin verschüttet waren. So sind die Themen „Lernen" und „Glauben" auch in ihren neueren Varianten aufeinander bezogen, wie denn Humanwissenschaften und Theologie nicht abgelöst voneinander betrachtet werden dürfen. Es ist vielmehr immer der eine Mensch als Repräsentant seiner Zeit, der glaubend lernt oder lernend glaubt, und es ist die eine Kirche, die verkündigend lehrt und lehrend verkündigt. Oder anders: „Alle verkündigenden, seelsorgerlichen und diakonischen Handlungsformen, kurz: jede Interaktion und Kommunikation schließt für den Einzelnen von außen kommende Einflüsse ein und bewirkt korrespondierende Veränderungen von Verhaltensweisen, die mit mehr oder weniger großer Wahrscheinlichkeit diesen Einflüssen antworten. Das aber ist die Definition von ‚Lernen' (Nipkow, nach Dienst 58). „So ist Kirche in zentraler Weise als „Lernsystem' zu verstehen" (ebd.).

GLAUBEN UND LERNEN

Lernen heißt „Glauben". Glauben und Lernen haben miteinander zu tun. Wenn das Kleinkind laufen lernt, erobert es sich damit neue Räume, gewinnt es neue Möglichkeiten, erweitert es seinen Lebenshorizont – kurz, es greift über das hinaus, was es bisher konnte, was es bisher war. Das gilt für alle Lernvorgänge, deren Variabilität nahezu unendlich ist. „Wir lernen laufen, sprechen, tanzen, Auto fahren, schwimmen und Klavier spielen; wir lernen buchstabieren, schreiben und lesen; wir lernen Ereignisse, Telefonnummern und Gedichte auswendig. Wir lernen, was man essen kann, was man meiden und wovor man sich fürchten muß, welche Objekte man in sexueller Hinsicht verlangen darf. Wir eignen uns moralische Grundsätze, Werte und Interessen an. Wir kommen zu bestimmten religiösen Auffassungen, Überzeugungen und Ideologien. Wir entwickeln Vorlieben, Vorurteile und Bräuche. Wir lernen neue Begriffe, Bedeutungen und Übereinkünfte, und wir lernen auch fremde Sprachen. Wir erlernen neue Motive, Ambitionen und Erwartungen. Wir lernen Zeichen, Signale und Symbole. Allmählich gewinnen wir die typischen Züge unserer Persönlichkeit, entwickeln wir ein persönliches Gewissen und eine mehr oder weniger umfassende Lebensphilosophie. Wir lernen sogar zu lernen" (Allport). In jedem Fall ist Lernen ein Überschreiten des schon Gegebenen, eine Erweiterung, eine Ausweitung – aber woraufhin? Offensichtlich auf ein Ideal hin, einen Zustand, in dem man seine Möglichkeiten voll entfaltet hat. Lernen bedeutet den Versuch, mit seinen Problemen besser fertig zu werden, sich orientieren zu können, seinen Status zu stabilisieren und zu verbessern. Das heißt nicht ausschließlich Anpassung an das Gegebene oder Geforderte; im Prozeß des Lernens wird die Sicht erweitert oder korrigiert, wird das erstrebte Ideal differenziert, wird die Situation aktiv verändert. Lernen ist immer auch ein aktiver Vorgang. J. Piaget spricht von Akkomodation (Anpassung an das Gegebene) und Assimilation (Einpassung des Gegebenen in den eigenen Daseinsentwurf). Situationen, denen der Mensch rein passiv ausgesetzt ist (z. B. ein überraschender Schicksalsschlag), legen seine Lernfähigkeit geradezu lahm.

Voraussetzung des Lernens: Vertrauen. Mit alledem ist zweierlei vorausgesetzt: Lernen, Lernfähigkeit und Lernmöglichkeit basieren auf Urvertrauen, auf der stillschweigenden Annahme, daß es eine Annäherung an das Ziel einer irgendwie gearteten Daseinserfüllung gibt; die Annahme, daß es „sich lohnt" zu lernen, daß ich weiterkomme, daß mein Bemühen sinnvoll ist. Wer würde schon bereit sein, sinnlose Silben auswendig zu lernen, es sei denn man machte ihm begreiflich, daß damit seine Gedächtnisfunktion geschult würde oder daß man diesen Vorgang für irgendein wissenschaftliches Experiment brauche, worin dann aber eben ein hohes Maß an Sinn läge.
Die Voraussetzung von Sinn aber zielt immer auf das Ganze. Das scheinbar sinnlose Lernen sinnloser Silben wird sinnvoll, wenn es sich einem wissenschaftlichen Experiment einfügt – umgekehrt: wenn man das ganze Leben tatsächlich als sinnlos empfindet, dann hat auch die einzelne Aktion keinen Sinn mehr. Die Tatsache, daß wir lernen, schließt also das Vertrauen in die Sinnhaftigkeit dieses Lernens und damit des Lebens überhaupt ein (vgl. S. 56f.).

Voraussetzung des Lernens: Vorgaben. Damit ist das zweite auch schon angedeutet: Vertrauen ist nichts anderes als die Antwort auf bestimmte Haltungen, die dem Kind entgegengebracht werden. Lernen setzt also Vorgaben voraus. Der Lernvorgang ist immer an ein Verstehensmodell gebunden, an eine bestimmte Weise der Lebensdeutung, dessen Grundstruktur das Kind schon mitbekommen hat, bevor es in fortgeschrittenere Lernprozesse eintrat. Es ist die Lebensdeutung derjenigen, die die Lernprozesse organisieren, Ziele setzen, Inhalte auswählen, Methoden entscheiden. Diese Lebensdeutung kann sich bereits bei den Stillvorgängen dahingehend auswirken, daß einmal Selbstbeherrschung und Pflichterfüllung, das andere Mal maximale Bedürfnisbefriedigung und Selbstbestimmung die (unbewußte) Leitidee des mütterlichen Verhaltens sind. In jedem Fall erfährt das Kind, was Leben heißt, durch den Filter einer solchen vorgegebenen Leitidee. Mit anderen Worten: Das Kind lernt nicht im beziehungslosen Raum. Dieser Raum ist vielmehr schon abgesteckt durch vorrationale weltanschauliche Voraussetzungen seiner Bezugspersonen. Darum ist eine weltanschaulich neutrale Erziehung grundsätzlich nicht möglich, weil das Kind auch darin, daß es sein Weltverständnis aktiv aufbaut, angewiesen ist auf Anregungen, Impulse, Materialien, denen es immer schon in einer ganz bestimmten Anordnung, in einem ganz bestimm-

ten Verständnis begegnet. Jeder Erziehungsvorgang und – im weiteren Sinn – Sozialisationsvorgang ist Ausdruck des Weltverständnisses der Handelnden.
Alles Lernen ist auf Vorgaben angewiesen. Gewiß: Wenn die Vorgaben dominieren, dann bleibt dem Kind nur die Anpassung, dann droht die Gefahr der Freiheitsbeschränkung. Die Vorgaben müssen zur Aufgabe werden, zur Aufgabe der Aneignung und Mitgestaltung, aber sie sind gerade in diesem Sinn unentbehrlich.

Der letztlich religiöse Charakter dieser Voraussetzungen. Damit ist aber nun deutlich, daß Lernen auf Glauben zurückgeht. Alles Lernen basiert auf vorrationalen weltanschaulichen Voraussetzungen. Das Kind vermag nur zu lernen, indem es den Eltern glaubt und mehr noch, an die Eltern glaubt. Der Lernende vertraut auf die Richtigkeit der eigenen Erfahrung, er vertraut auf die Tragfähigkeit des Gelernten, auf die Zuverlässigkeit des eigenen Daseinsentwurfs, der dem Lernprozeß zugrunde liegt (das kann beim Kleinkind heißen: Die Mutter ist gut, sie sorgt für mich; was würde wohl geschehen, wenn das Kind die grundsätzlich gegenteilige Erfahrung machen müßte?).
Lernen als ständiges Hinausschreiten über das schon Gehabte, schon Gewußte, schon Erfahrene und schon Praktizierte setzt eine Ursicherheit voraus, ein Urvertrauen und ein Urangenommensein, das die bruchstückhaften eigenen Erfahrungen übersteigt. Es weist zurück auf die Grunderfahrung vieler Generationen, auf die Tradition. Damit wurzelt es schließlich in einer religiösen Voraussetzung, die die Bibel so ausdrückt: Ich, der Herr, bin dein Gott, fürchte dich nicht, ich bin mit dir, ich habe dich bei deinem Namen gerufen, ich habe dich aus Ägypten geführt! Die Zumutung zum Lernen wird tragbar auf der Basis der Vorgaben und des Urvertrauens.

Das religiöse Defizit. Kehren wir zurück zum Einzelfall: Ein Kind, das fähig sein soll zu lernen und damit Verunsicherungen auf sich zu nehmen und Bestehendes aufzugeben, muß sich geborgen wissen in der Liebe seiner Bezugspersonen, muß sich angenommen wissen, auch wenn es im Lernprozeß versagen sollte. Warum reißen Kinder denn aus, wenn sie schlechte Zeugnisse heimbringen, warum das ständig steigende Problem der Schul- und Lebensversager? Da wird ein Defizit sichtbar in den empirisch-sozialen Erlebnismöglichkeiten solcher Kinder. Dieses Defizit liegt darin, daß sie die Verankerung des Menschen über seine empirisch-sozialen Bezüge hinaus in der Gottesbeziehung nicht zu realisieren vermögen. Wenn Urvertrauen und Vorgaben auf die faktisch gemachten Erfahrungen sich beschränken, dann sind sie je nach den Familienverhältnissen von Fall zu Fall unsicher und fragwürdig. „Die Forderung, Neues zu lernen (ist) nur im Kontext der Identität mit mir selbst, mit der Sicherheit, die der Mensch braucht, möglich. Die Frustration unserer Kinder, der Eltern, Pastoren und Lehrer hängt wahrscheinlich genau damit zusammen, daß ihnen, hermeneutisch gesehen, diese Kontinuität mit sich selbst, diese außer ihnen selbst liegende Gewißheit, im Lernen sich selbst nicht zu verlieren, fehlt" (H.-B. Kaufmann).

Lernzumutbarkeit. Von daher wird die mangelnde Bereitschaft älterer Menschen verständlich, auf neue durchaus plausible Denkelemente einzugehen, nur deshalb, weil das Neue mit dem über Jahrzehnte hin aufgebauten Denkkonzept nicht übereinstimmt, und weil nun im Alter niemand mehr da ist, der die Übereinstimmung des Menschen mit sich selbst garantieren bzw. tragen könnte. Die Lernzumutung wird unerträglich, wenn von niemandem die Gewißheit getragen wird, daß auch das bisherige, unter anderen Voraussetzungen geführte Leben nicht vergeblich oder sinnlos war. Der alternde Mensch vermag seine Lebenslüge, seinen weltanschaulichen oder politischen Grundirrtum schwer einzugestehen, denn er sieht dann seine Identität gefährdet, solange diese Identität nicht in einem Anderen begründet ist. Das gilt z. B. für den älteren biblizistisch erzogenen Menschen, der plötzlich mit massiven Aussagen der historischen Bibelkritik konfrontiert wird. Das gilt aber auch für das Kind, dessen Mutter gestorben ist und das sich mit der Vorstellung tröstet, die Mutter sitze auf einer Wolke und schaue ihm zu: Die Korrektur dieser Vorstellung wird erst dann zumutbar sein, wenn das Kind seine Identität nicht mehr in der Vorstellung der massiven Gegenwart der verstorbenen Mutter suchen muß, sondern sich in der Liebe anderer Bezugspersonen geborgen weiß. Hier ist der Punkt, wo die mehr oder weniger zufälligen sozialen Beziehungen sich auf die umgreifende Gottesbeziehung hin öffnen.

Glauben heißt Lernen. Wenn Lernen immer schon Glaubensakte voraussetzt – natürlich im weitesten, nicht unbedingt spezifisch christlichen Sinn – dann liegt es nahe, daß Glauben auch mit Lernprozessen zu tun haben wird.

Was heißt Glauben? Im landläufigen Wortgebrauch wird der Glaube weithin als eine Form der Weltanschauung verstanden. In diesem Sinn kann man „den Glauben abfragen“, man kann vom christlichen Glauben als einem Lehrgebäude sprechen. Man kann – so wird es wohl von vielen verstanden – am Sonntag in der Gemeinde „mit der gesamten Christenheit auf Erden den gemeinsamen christlichen Glauben“ bekennen, und das heißt die dogmatischen Formulierungen des apostolischen Glaubensbekenntnisses rezitieren. Man kann fragen: Was glaubst du? und man kann von „seinem Glauben“ sprechen und damit die eigene Weltanschauung meinen.

Andererseits erklärt Luther zum dritten Glaubensartikel: „Ich glaube, daß ich nicht aus eigener Vernunft noch Kraft an Jesus Christus, meinen Herrn, glauben oder zu ihm kommen kann; sondern der heilige Geist hat mich durch das Evangelium berufen, mit seinen Gaben erleuchtet, im rechten Glauben geheiligt und erhalten“. Wenn da vom „rechten Glauben“ die Rede ist, so läßt sich auch das wieder als Lehrgebäude verstehen. Wichtiger ist aber das erste: daß der heilige Geist den Glauben wirkt. Und das geschieht, wie die Augsburgische Konfession Art. V näher beschreibt, durch das Evangelium und die Sakramente, „dadurch er als durch Mittel den heiligen Geist gibt, welcher den Glauben, wo und wenn er will, in denen, so das Evangelium hören, wirket . . . “. Damit ist die Aktivität im Glaubensvorgang ausschließlich auf der Seite Gottes lokalisiert. Es wird „zum Ausdruck gebracht, daß der ganze Mensch mit all seinem Tun und Denken, Fühlen und Wollen im Glauben zum Empfangenden wird, daß er und sein sehnsüchtiger Wille beschenkt wird“. Die Formulierung ermöglicht „gerade keine psychologische Näherbestimmung des Glaubens, sondern bedeutet die Auslieferung und Preisgabe der Psyche an das gnädige Handeln Gottes“ (Schlink 89). Glaube ist „keine Tat des Menschen, sondern Empfang der Gnadentat Gottes“ (ebd. 91). Dieser theologische Satz ist Ausdruck einer Erfahrung, die jederman nachvollziehen kann: Es ist mir nicht möglich anzugeben, warum ich im Innersten meines Herzens glaube oder nicht glaube. Gewiß, ich kann Vorbilder nennen, Erfahrungen anführen, rationale Argumente aufzählen, auf die frühkindliche Welterschließung mich berufen. Aber alles dies vermag einen anderen durchaus nicht zu überzeugen. Der letzte Schritt, der in alledem und über alles das hinaus zur persönlichen Hingabe an Gott, zum persönlichen Vertrauen führt, ist mit alledem nicht erfaßt. Ich stoße also bei der selbstkritischen Betrachtung meines

(Un-)Glaubens auf ein Moment, das zumindest jenseits meines Bewußtseins liegt.

Glaube als Begegnung. Vom Glauben als Weltanschauung ist also „das Glauben" als das Sich-Einlassen auf die Begegnung mit Gott zu unterscheiden, eine Beziehung, die grundsätzlich von Gott gestiftet ist. Diese Stiftung Gottes besteht nach biblischem Zeugnis im Ruf, im Herausrufen, in der Eröffnung einer neuen Situation. Das soll an einigen biblischen Beispielen deutlich werden:

„Und der Herr sprach zu Abram: Ziehe hinweg aus deinem Vaterlande und aus deiner Verwandtschaft und aus deines Vaters Haus in das Land, das ich dir zeigen werde; so will ich dich zu einem großen Volk machen und dich segnen . . . Da zog Abram hinweg, wie ihm der Herr geboten hatte" (Gen 12, 1ff.).
„. . . während Samuel im Tempel des Herrn schlief, wo die Lade Gottes war, da rief der Herr: Samuel! Samuel! Er antwortete: Hier bin ich! lief zu Eli und sprach: Hier bin ich! Du hast mich gerufen. Er aber sprach: Ich habe nicht gerufen. Lege dich wieder schlafen. Und er ging und legte sich schlafen. Der Herr aber rief abermal . . . Da kam der Herr, trat herzu und rief wie zuvor: Samuel! Und Samuel sprach: Rede, dein Knecht hört" (1 Sam 3, 3ff.).
„Und es erging an mich das Wort des Herrn: Noch ehe ich dich bildete im Mutterleibe, habe ich dich erwählt; ehe du aus dem Schoße hervorgingst, habe ich dich geweiht: zum Propheten für die Völker habe ich dich bestimmt. Da sprach ich: Ach, Herr, mein Gott, ich verstehe ja nicht zu reden; ich bin noch zu jung. Aber der Herr antwortet mir: Sage nicht: Ich bin noch zu jung, sondern zu allen, zu denen ich dich sende, wirst du gehen, und alles, was ich dir gebiete, wirst du reden. Fürchte dich nicht, denn ich bin mit dir, dich zu erretten, spricht der Herr" (Jer 1, 4ff.).
„Als er aber aufgehört hatte zu reden, sprach er zu Simon: Fahre hinaus auf die Höhe und werfet eure Netze zum Fang aus! Und Simon antwortete und sagte: Meister, wir haben die ganze Nacht hindurch gearbeitet und nichts gefangen; doch auf dein Wort will ich die Netze auswerfen. Und als sie dies getan hatten, fingen sie eine große Menge Fische . . .
Als Simon Petrus das sah, warf er sich zu den Knien Jesu nieder und sprach: Geh von mir hinaus, denn ich bin ein sündiger Mensch, o Herr!

... Und Jesus sprach zu Simon: Fürchte dich nicht! Von nun an wirst du Menschen fangen“ (Lk 5, 4ff.).
Diesen Auswahlbeispielen ist folgende Grundstruktur gemeinsam: Die Begegnung mit Gott stiftet eine neue Situation. Sie eröffnet einen neuen Horizont, sie fordert zur Überschreitung des status quo auf. Der Mensch glaubt in dem Moment, indem er auf die neue Situation eingeht, sich ihr öffnet und sie im Vertrauen auf den darin redenden und sich zusprechenden Gott zu gestalten beginnt. Glauben löst also einen Lernprozeß aus bzw. geht in einen Lernprozeß ein. Insofern ist es eine ständige Zumutung an den Menschen, die Zumutung zu transzendieren, zu überschreiten, sich selbst infragezustellen, offen zu sein für Gott als das Ziel und den Sinngrund, auf den jede Situation hin bezogen ist. Diese Zumutung ist nun keineswegs eine primär intellektuelle (etwa in dem Sinn, daß man die scheinbare Unlogik, z. B. des Trinitätsdogmas akzeptieren müßte). Denn Glauben heißt nicht übernatürliches Wissen aneignen. Es geht hier nicht um einen zusätzlichen Bereich zum allgemein Erfaßbaren. Der Glaubende verfügt über kein Sonderwissen. Er sieht nicht andere Dinge, er sieht die gleichen Dinge wie jedermann, aber er sieht sie in einem anderen Licht. Gewiß hat das Glauben auch immer Anlaß zu Spekulationen gegeben, Spekulationen über das Wesen Gottes, über die Gestalt der himmlischen Heerscharen, über die Form des ewigen Lebens usw. Diese Spekulationen sind nachträglicher Natur, sie gehören zum Glauben im Sinne eines Lehrgebäudes, das zwar aus der Gottesbegegnung entsteht, aber nicht mit ihr verwechselt werden darf.

Das totale Lernen. Die Zumutung des Glaubens umfaßt weit mehr als das Gebiet des Wissens. Wohl kann sie sich auch darauf beziehen, falsche Vorstellungen und Gedankenbilder aufzugeben. Aber das ist nur ein Aspekt. Es geht vielmehr um Verhaltensänderung; der Glaubende soll sich selbst aufgeben können (man denke an den reichen Jüngling, der sich von allem trennen soll, woran sein Herz hängt), er soll radikal umkehren – die Bibel nennt es Buße.
Diese Lernzumutung ist radikal. Sie kann so radikal sein, weil auch die Voraussetzungen, die Vorgabe Gottes und das darin gegründete Vertrauen auf Gott radikal sind. Anders gesagt: Die Ermöglichung zu solcher totaler Selbstinfragestellung liegt darin, daß der Mensch sich in der Treue Gottes umfassend geborgen weiß. Die Theologie spricht vom „extra nos“ des Glaubens: Der Mensch muß nicht um seine Iden-

tität besorgt sein, weil ihm diese „außerhalb unserer selbst“ von Gott garantiert wird.

Damit ist nun auch der Vorwurf widerlegt, daß Glauben den Menschen einseitig zur Anpassung anleite und die bestehenden Lebensverhältnisse grundsätzlich stabilisiere. Diese Tendenz liegt im Grundverständnis des Glaubens als Akzeptieren eines Lehrgebäudes und hat eine – wie schon gesagt – sekundäre Berechtigung. Primär dagegen ist das dynamisierende oder – biblisch ausgedrückt – prophetische Element der Öffnung für Neues. Es ist das Exodus-Motiv der Bibel, das mit der Abrahamserzählung und dem Wüstenzug Moses beginnt und in ständig neuen Abwandlungen wiederkehrt: Aufbruch des Menschen in Neuland, im Vertrauen auf die voraufgegangene Verheißung Gottes. Insofern ist das Glauben Motivation zu lebenslangem Lernen. Insofern ist aber auch deutlich, daß verstärkte Lernanforderung die verstärkte Fähigkeit und Möglichkeit voraussetzt, vertrauen zu können. Der neuzeitliche Mensch ist vielfach wohl gerade dadurch verunsichert, daß maximale Lernanforderungen mit der Abnahme der Glaubensbindung zusammenfallen. Wenn E. H. Erikson sagt, viele Menschen rühmten sich, keine Religion zu haben, deren Kinder es sich im Grund gar nicht leisten könnten, ohne eine solche zu leben, dann kann man noch viel radikaler fragen, ob der Mensch die ihm abverlangten Lern- und Umlernprozesse ohne entsprechend tiefe Glaubensbindung überhaupt schadlos durchzustehen vermag. Kann man aber das Glauben selbst lernen?

DIE „UNSICHTBARKEIT“ DES GLAUBENS

Glaube muß konkret werden. Glauben, so sagten wir, setzt einen Lernprozeß in Gang, der zu Verhaltensänderungen führen soll. Bisher haben wir nur sehr vage von dem „anderen Licht“ gesprochen, in dem der Glaubende die Dinge sieht. Wenn das Glauben aber wirksam werden soll, dann muß es auch im Leben des Einzelnen wie der Gesellschaft konkrete Gestalt annehmen. Glauben muß sich auswirken, es muß „Früchte“ bringen im Verhalten des Glaubenden.

Merkmale des Glaubens. Worin besteht aber das neue Verhalten? Wie wird Glauben wirksam und woran erkennt man einen gläubigen Menschen? Hierfür könnten ganz unterschiedliche Merkmale genannt werden: regelmäßiger Gottesdienstbesuch, Opferbereitschaft, Kontaktfreudigkeit, soziales Engagement, Praktizierung häuslicher Frömmigkeitsformen wie Tischgebet, eine vertrauende Lebensgrundhaltung, Bibelkenntnis oder manches andere.
Schon die Vielseitigkeit und Vieldeutigkeit der genannten Merkmale weist auf ihre Fragwürdigkeit hin. Jedes der einzelnen Elemente kann Ausdruck eines persönlichen Glaubens sein, aber von keinem von ihnen läßt sich eindeutig auf vorhandenes Glauben zurückschließen.

Soziale „Früchte“. Das gilt auch für die „Früchte“, die das Glauben nach Paulus bringen soll: „Liebe, Freude, Friede, Langmut, Freundlichkeit, Gütigkeit, Treue, Sanftmut, Enthaltsamkeit“ (Gal 5, 22f.). Es ist ja keineswegs so, daß nur der Glaubende solche Eigenschaften aufwiese; ebenso wenig wird man aber auch sagen dürfen, daß das Glauben dort grundsätzlich fehlt, wo solche Früchte noch nicht erkennbar sind.

Religiöse Erziehung und Sozialerziehung. Hier stoßen wir auf ein grundsätzliches Problem. Es ist eine viel diskutierte Frage, ob Glauben nicht als eine Weise der Mitmenschlichkeit sein Wesen erfüllt und auf die mythisch-rituellen Elemente seiner Selbstdarstellung wie Gottesdienst, Gebet, Kirchenjahr verzichten kann. Viele Jugendliche zumal

pochen darauf, daß „Brot für die Welt" wichtiger sei, als der Gang zur Christmette und sprechen dann schroff von der „Verlogenheit" der „bürgerlichen Weihnachtsfeier".
Zugleich wird mit einer solchen sozialethischen Deutung der christliche Glaube kooperationsfähig für alle humanistischen Kräfte. Das gilt gerade auch in der Religionspädagogik. Viele Praktiker(innen) sehen ihren Auftrag zur religiösen Erziehung im sozialethischen Bereich. Diese Haltung ist verständlich, denn in diesem Bereich fühlen sie sich von ihrer Ausbildung her einigermaßen zu Hause, sind sie sich der Zustimmung der Gesellschaft bewußt und vermögen sich selbst aus voller Überzeugung einzubringen. Das wirkt sich aus bis in die Lehrpläne und Unterrichtsmodelle für den Religionsunterricht, die oftmals nicht von solchen der Sozialkunde zu unterscheiden sind. Nun kann keineswegs gesagt werden, daß eine solche Arbeit nicht im Auftrag des Religionsunterrichts bzw. der religiösen Erziehung begründet sei. Gewiß stehen Mitmenschlichkeit (Nächstenliebe), soziale Gerechtigkeit, Weltfrieden in enger Beziehung zum christlichen Glauben. Aber kann eine religiöse Erziehung als erschöpfend angesehen werden, die ausschließlich diese Probleme thematisiert?

Ein Beispiel. Wir wollen uns an einem Beispiel deutlich machen, daß die christliche Sozialethik nicht unbeschadet aus ihrer theologischen Verankerung herausgelöst werden kann:
Man kann aus sehr verschiedenen Motiven „barmherziger Samariter" sein – für den Notleidenden ist im Akt der Hilfe tatsächlich nur wichtig, daß ihm geholfen wird. Aber dieser Akt des Helfens ist nur Glied einer Kette von Verhaltenselementen, deren Wert und Bedeutung erst aus dem Zusammenhang deutlich wird. Helfe ich einfach, um zu helfen? Helfe ich, um mir den anderen zu verpflichten? Helfe ich, weil mir der Wert jedes einzelnen Menschen bewußt ist? Helfe ich, weil ich an den Wert dieses Menschen für meine Pläne oder mein Parteiprogramm denke? Helfe ich, um mich selbst zu bestätigen? Helfe ich, weil mir die Not des anderen „an die Nieren" geht? Oder aus einem zweckfreien Mitleiden am Unrecht, am Bösen, was vielleicht mit der Kurzformel „um Christi willen" oder „um Gottes willen" zu umschreiben wäre?
So kann ein Sozialwesen perfektioniert sein und ungezählte humane Hilfsakte setzen, ohne daß damit über den humanitären Geist einer solchen Gesellschaft etwas ausgesetzt wäre, solange nicht der Motiva-

tionszusammenhang für das entsprechende Handeln durchsichtig, bekannt und kritisierbar ist.
Für den Notleidenden ist es (im Moment) unwichtig, wodurch der Helfende zur Hilfe motiviert ist; dennoch hängt – aufs Ganze gesehen – alles vom Begründungszusammenhang oder Motivationszusammenhang des einzelnen Aktes ab. Umsomehr wird deutlich, daß der Motivationszusammenhang, dem alles Handeln entspricht, mitvermittelt werden muß. Die ethische Handlungsebene muß sich auf die religiöse Symbolebene ständig zurückbeziehen lassen. Das starke und berechtigte sozialethische Engagement in der Religionspädagogik muß durch stärkere Akzentuierung des anderen Pols, nämlich der im Symbolsystem der Glaubenslehre sich ausdrückenden Gottesbeziehung ergänzt werden. Das sozialethische Engagement des Einzelnen oder der Kirche muß in kultisch-mythischen Handlungselementen (Gottesdienst, Kontemplation) seine Basis haben.

Zweideutigkeit der „Früchte". Das ist die Schwierigkeit: Der große Zusammenhang des Glaubenslebens bleibt zu abstrakt; aber in dem Maß, in dem wir den Blick auf das Konkrete richten, verlieren wir den Zusammenhang aus den Augen. Denn die konkrete Tat gibt keine Auskunft über ihre Motivation, sie bleibt mißverständlich. Darum sind die Merkmale oder Früchte des Glaubens zweideutig. Tradition, Pietät, Gruppenzwang, Anhänglichkeit, Geltungstrieb, Gewohnheit (also radikal veräußerlichte Tradition) oder anderes mehr können hinter dem Aufweis von Frömmigkeitsmerkmalen stehen.
Darum ist das Glauben auch nicht meßbar. Meßbar sind die äußeren Elemente (Häufigkeit des Kirchenbesuches, Summe des Kollektengeldes usw.), aber sie geben keine Auskunft über das „Maß" des Glaubens. Das gilt auch für die Selbstbeurteilung: „Ich vermag den Auftrag religiöser Erziehung nicht zu übernehmen, weil ich nicht so gläubig bin" – dieses Argument besagt im Grund: „Ich weise nicht genügend Frömmigkeitsmerkmale auf, die mich vor den Augen anderer oder vor mir selbst als gläubig legitimieren könnten." Gewiß ist diese Selbstinfragestellung achtenswert; aber sie nimmt Kriterien eines bestimmten Lebensstils, etwa Kriterien der Kirchlichkeit, irrtümlicherweise für Kriterien des Glaubens selbst.

Modell der Inkarnation. Denn das Glauben selbst bleibt unsichtbar. Das Glauben selbst ist Werk des heiligen Geistes, so sagten wir oben.

Die Kirche hat seit jeher mit dem Begriff der Inkarnation umschrieben, wie sie sich das Heilswirken Gottes vorstellt: „Das Wort ward Fleisch und wohnte unter uns“ (Joh. 1, 14); Gott geht in die menschliche Geschichte und Natur ein, um darin wirksam zu werden; er wird Mensch. Damit verliert er aber für menschliches Wahrnehmen seine eindeutige Göttlichkeit. So ist Jesus nicht eindeutig als der Christus erkennbar, sondern nur für den, dem es Gott selbst erschließt. Darum hat die Mehrzahl der Zeitgenossen Jesu nicht an ihn geglaubt; darum ist die Jesusgeschichte *auch* ausschließlich historisch, psychologisch, gesellschaftlich oder wie immer interpretierbar.
Das Entsprechende gilt für das Glauben: Das Glauben erscheint, es schlägt sich nieder, es konkretisiert sich in bestimmten Phänomenen psychischer und sozialer Art, die ihrerseits beschreibbar, aufweisbar, kontrollierbar oder sogar meßbar sind. Und mit dem Glauben ändert sich tatsächlich etwas im Menschen: Nun wird er dies oder jenes anders machen als bisher, anders sehen, anders beurteilen, anders ertragen. Aber damit wird nicht das Glauben selbst greifbar. In einer These ausgedrückt: Glauben geht in die psychosozialen Beziehungen ein, aber es geht nicht darin auf.

Der Glaubende als „neuer Mensch“. Was den glaubenden Menschen betrifft, so hat Luther ihn in einem dialektischen Zustand beschrieben: Der Glaubende ist Sünder und gerecht zugleich; der Christ weiß sich als Sünder, immer, auch nachdem er Christ geworden ist (das heißt, jetzt erst kann er sich überhaupt als solchen erkennen). Er ist damit (seiner Natur nach) kein anderer geworden – aber man kann auch sagen: er ist (seiner Motivation nach) ein total anderer geworden; jedenfalls ist er nicht ein „irgendwie Veränderter“, sondern er ist so, wie er ist, in die Gottesbeziehung eingetreten. Damit wird etwa das Gebot der Feindesliebe nicht ohne weiteres bewirken, daß für den Christen spontane Reaktionen wie Liebe und Haß, Sympathie und Antipathie ausgeschlossen wären. Vielmehr wird der Christ je im konkreten Fall des Hasses, des Ekels, der Antipathie sich überwinden: Die spontane Beziehung zum anderen, der Affekt wird in die neue, das ganze Leben umfassende Gottesbeziehung mit hineingenommen, und aus dieser neuen Gottesbeziehung heraus vermögen wir dann den anderen in einem neuen Licht zu sehen. Über die Beziehung zu Gott wird die Beziehung zum Mitmenschen neu, so daß wir dann „um Christi willen“ oder „um Gottes willen“ den anderen anzunehmen vermögen.

Das Glauben schafft also keinen neuen Menschentyp, sondern es nimmt Gestalt an in der Vielfalt menschlicher Charaktere und Biografien und geht damit wiederum in die Zweideutigkeit ein: Wahrscheinlich wird dem Starken, der sich überwindet, nicht zurückzuschlagen, seine Haltung als Nachlassen seiner Stärke ausgelegt werden.
Mit alledem ist aber nicht gemeint, daß das Glauben sich in nebulose Fernen auflöst. Wenn wir vom Modell der Inkarnation ausgegangen sind, so heißt es: Glauben ist nicht anders faßbar als in seinen Wirkungen; aber es wird damit nicht verfügbar, es wird nicht zum Objekt unserer Betrachtungen.

Die „zwei Naturen“ des Glaubens. Mit dem Gedanken der Inkarnation ist die Lehre von den „zwei Naturen“ Christi zu verbinden. Mit dieser Lehre wollte die frühe Christenheit eine Antwort geben auf die Frage, wieso Jesus Christus zugleich „wahrer Gott“ und „wahrer Mensch“ sein könne. Das Konzil von Chalcedon im Jahre 451 hat dann von den beiden „Naturen“ gesprochen, der göttlichen und der menschlichen, die in der Person Jesu Christi zwar ungetrennt, aber zugleich auch unvermischt verbunden seien.
Im Sinne dieser „Zweinaturenlehre“ läßt sich auch vom Glauben sprechen: Auch hier sind eine göttliche und eine menschliche Dimension vereinigt, ungetrennt und unvermischt zugleich. Deshalb noch einmal: Das Glauben geht in die religiös-ethischen Formen des Lebens ein, es gewinnt Gesalt im psychisch-sozialen Bereich, aber es geht in diesen Formen nicht auf.

Glaube und Religion. Im folgenden soll deshalb unterschieden werden zwischen dem Glauben und den Gestalten des Glaubens*. Diese Trennung gilt uns nur als Hilfskonstruktion. Denn im Grunde ist der Glaube nicht anders wirksam als in seinen konkreten Gestalten, und die Gestaltwerdung ist nichts Losgelöstes, Nachträgliches, sondern eben trotz aller Zweideutigkeit unmittelbar auf den Glauben bezogen. Mittels dieses Hilfsschemas läßt sich zunächst das Verhältnis von christlichem Glauben und Religion überhaupt (bzw. allgemeiner Religiosität) beschreiben. Es hat Zeiten gegeben, wo der christliche Glaube gegen die Religion ausgespielt wurde. Am bekanntesten

* Im weiteren wird „Glaube“ im landläufigen Sinn gebraucht, der „das Glauben“ als Akt der Begegnung mit einschließt.

dürfte das Wort D. Bonhoeffers vom „religionslosen Christentum" sein. Heute ist der Begriff „Religion" wieder aufgewertet, aber seine Bedeutung ist keineswegs eindeutig.
Wir wollen eine Klärung versuchen, indem wir ausgehen von der menschlichen Religiosität als der Grundtendenz des Menschen, über sich hinauszugreifen. Es ist die allgemein-menschliche Fähigkeit und Notwendigkeit, sich auf einen letzten bzw. als letztgültig angenommenen Sinnhorizont zu beziehen; die Fähigkeit und Notwendigkeit, sich auf das Ganze, Umgreifende hin zu transzendieren. Die Religiosität der einzelnen Menschen gewinnt Gestalt in den Religionen oder Weltanschauungen. Das sind jeweils Vorstellungswelten bzw. Wertsysteme, die aus dem Grundantrieb (der Religiosität) der Einzelnen und dem jeweiligen geschichtlich-sozialen Erkenntnisstand bzw. Lebenshorizont gebildet werden. Im Rahmen bäuerlicher Kultur richtet sich z. B. das „Über-sich-hinausgreifen" des Einzelnen auf ein System von Fruchtbarkeitssymbolen und ein von ihnen abgeleitetes Wertsystem. Religionen drücken sich – im Gegensatz zu auf das Vorhandene beschränkten Weltanschauungen – in Kult, Ritus, Opfer, Geboten, Traditionen, Gemeinschaftsformen aus, die empirisch aufweisbar und Gegenstand der verschiedenen Wissenschaften sein können, die aber über sich hinausweisen auf ein nicht wahrnehmbares Ganzes.

„Religiöse" Erziehung und „christliche" Erziehung. Christlicher Glaube als Gottesbegegnung ist in seiner Zweideutigkeit weder mit solchen Formen identisch, noch ist er etwas davon Ausgegrenztes und der sozialwissenschaftlichen Reflexion grundsätzlich Entzogenes. Denn die Gottesbegegnung ereignet sich nicht irgendwo hinter oder über dem menschlichen Dasein, sondern in den geschichtlich-gesellschaftlichen Lebensverhältnissen des Menschen. Aber eben: Was meßbar ist, was aufweisbar ist, sind und bleiben diese religiösen Lebensformen. Innerhalb unserer christlichen Tradition haben sie ihre spezifische Prägung erhalten, so daß sie eigentlich niemals „nur religiös" sein können: Religiosität ist in unserem Kulturkreis, im Wirkungsbereich des Christentums stets schon christlich geprägte Religiosität. Insofern ist die Frage, wo denn im Rahmen einer allgemeinen religiösen Erziehung das „eigentlich Christliche" (das „Proprium") beginne, nicht unbedingt sinnvoll. Religiosität im Wirkungsbereich des Christentums ist stets christliche Religiosität – mag man die christliche Prägung stärker betonen oder aber hinter anderen Einflüssen zurücktreten lassen (denn wohl finden sich in unserer religiösen Praxis auch germanisch-heidnische, antik-griechische oder humanistisch-aufklärerische Elemente, wobei letztere schon wieder weithin eine Nach-Wirkung des Christentums darstellen). Berechtigt ist die Frage nach dem „Eigentlichen", wenn sie auf die Gottesbeziehung direkt zielt, die sich in den allgemeinen menschlich-religiösen Verhaltensformen wie Kult, Liturgie, soziales Verhalten niederschlägt. Aber – und damit schließt sich der Gedankenkreis – die Gottesbeziehung als das „Eigentliche" des christlichen Glaubens ist eben nur in den zweideutigen, auch anderweitig ableitbaren und vorkommenden Formen religiösen Lebens greifbar. Sie drückt sich nicht in neuen Formen aus, sondern in einer neuen Qualifikation, die unsere Lebensäußerungen dadurch erhalten, daß Gott sich zu uns bekennt.

Der Rechtfertigungsglaube. Schauen wir zum Beispiel auf Elias Kampf mit den Baalspriestern: Beide beten, aber das Gebet der Baalspriester bleibt leere Form, das Gebet Elias wird erfüllt durch die Begegnung mit Gott, die darin geschieht. Mit anderen Worten: Elias Gebet wird von Gott angenommen, akzeptiert, gerechtfertigt, das der Baalspriester nicht. Rechtfertigungsglaube ist das Ergreifen der durch Christus verbürgten Zuwendung Gottes in den gegebenen Formen; der Glaube, daß Gott diese Formen sich zu eigen macht. Dieser Glaube, als das Zentrum des christlichen Glaubenslebens, ist jeweils nur persönlich zu ergreifen in der von Gott geschenkten Gewißheit.
Allerdings ist auch der christliche Rechtfertigungsglaube in konkret-geschichtliche Formen eingegangen, hat sich in bestimmten Formeln niedergeschlagen, hat sich Gestalt gegeben. In dieser objektivierten Gestalt ist er nichts anderes als eine Religion neben anderen, zwar die spezifisch christliche Ausprägung, aber im gleichen Sinn zweideutig und mißverständlich wie eben menschliche Verhaltensformen überhaupt. Die Etikettierung eines Handelns als „christlich", die Berufung auf Elemente der christlichen Tradition, die Übernahme kirchlicher Lebensformen können die Unmittelbarkeit der rechtfertigenden Gottesbegegnung nicht garantieren; die Gefahr der Selbstrechtfertigung bleibt immer aktuell – geschichtliche Beispiele dafür gibt es zur Genüge (man denke an den politisch-völkischen Mißbrauch des christlichen Glaubens zu Beginn des ersten Weltkrieges, an dem K. Barths Protest sich entzündete).

Die Unmöglichkeit, über das Vorhandensein von Glauben bei anderen zu urteilen. Die christliche Legitimität religiös-christlicher Lebensformen läßt sich also nur im Akt der persönlichen Glaubensgewißheit gewinnen, nicht aber in der objektivierenden Absicherung des Glaubens. Das heißt dann aber: Keiner kann dem anderen den Glauben zu- oder absprechen (es sei denn eben in der objektivierten Gestalt einer bestimmten Dogmatik, als Zugehörigkeit zu der vom christlichen Glauben geprägten Weltanschauung). Wohl aber kann man den Glauben auch eines anderen von den Früchten her, von seiner Gestaltwerdung her infragestellen, herausfordern und sich legitimieren lassen. Im Beispiel: Mitmenschlichkeit ist nicht zwingend Beweis für die Wirkung des persönlichen Heilsglaubens, wenngleich mir persönlich das Verhalten eines Menschen höchste Achtung und auch den Eindruck eines festen, gewissen Glaubens abringen kann; mangelnde Bereitschaft zur Mitmenschlichkeit ist aber immerhin ein Indiz für fehlenden Glauben – nur, daß der Betreffende eben an der Schwelle zur Mitmenschlichkeit stehen könnte!
Es gibt also Lebensformen, Verhaltungsweisen, Wertvorstellungen, Vorstellungsinhalte, die sich schlechterdings nicht mit dem christlichen Glauben im Vollsinn vertragen oder doch das Noch-nicht-Glauben belegen, während andere Vorstellungen und Formen dem christlichen Glauben bis zum Verwechseln ähnlich sein können, so daß ein endgültiges Urteil unmöglich ist.
Die unterschiedliche Nähe etwa der einzelnen Menschenbilder zum christlichen macht eine Aktionsgemeinschaft des Christen mit dieser oder jener gesellschaftlichen Gruppe unmöglich oder aber auch möglich, ohne daß der Glaube mit einer solchen Gruppenideologie identifiziert werden könnte.

Die Frage der Vermittelbarkeit. Damit sind wir bei der entscheidenden Frage nach der Vermittelbarkeit des Glaubens angekommen. Ohne Zweifel läßt sich der christliche Glaube im Sinn der christlichen Weltanschauung lehren. Ein bestimmtes Gedankengebäude und eine bestimmte Ethik sind sowohl lehrbar wie erlernbar. Wenn wir aber auf den „eigentlichen“ persönlichen Rechtfertigungs- oder Heilsglauben, auf das Gottvertrauen oder die von Gott gestiftete Beziehung zurückgreifen – ist ein solcher Glaube lehr- und lernbar? Kann man einen Menschen in diesem strikten Sinn zum Christen erziehen, oder aber was kann christliche Erziehung leisten?

ZUR VERMITTELBARKEIT DES GLAUBENS

Ist Glaube lehrbar? Daß Glaube mit Lernen zu tun hat, ist schon ausdrücklich ausgesprochen worden; aber ist das Glauben auch lehrbar, kann man mit didaktischen Mitteln Glauben erreichen, kann man zum Glauben erziehen? Im Praxisbereich stoßen die Meinungen hart aufeinander. Während die einen lediglich Wissen vermitteln wollen (Religionskunde) oder den sozialen Aspekt des Glaubens betonen (Sozialkunde) und damit das Glauben selbst aus der Erziehung ausklammern, erheben die anderen den Vorwurf, die Religionspädagogik sei glaubenslos, und gehen ihrerseits von der Voraussetzung aus, daß – auf welche Weise immer zu erreichen – das Resultat einer rechten christlichen oder evangelischen Erziehung der gläubige Christ sein müsse.

Geschichtliches. Beide Tendenzen haben ihre geschichtliche Wurzel. Wir hatten schon oben gesehen, wie im Pietismus die Wirklichkeit des neuen „Lebens aus der Gnade" zum Gegenstand des erzieherischen Denkens und Handelns wird („Wie ein Kind in 24 Stunden lernen kann, wie es soll der Höllen entgehen und seelig werden").
Seit 1890 herrscht unter dem Einfluß der Herbartianer die These vom „erziehenden Religionsunterricht". „In diesem Zusammenhang fällt die starke Tendenz auf, das Christentum überwiegend ethisch zu verstehen. Der Religionsunterricht nimmt in hohem Maße die Aufgabe eines Moralunterrichts im Sinne des ethischen Konsens der Gesellschaft wahr" (K. Dienst 104). Das ist kein Zufall. Wir hatten schon früher (S. 23) gesehen, daß auch heute viele Erzieher religiöse Erziehung mit Sozialpädagogik zu identifizieren geneigt sind, weil sie auf diese Weise allgemeinen Konsens für ihre Erziehungsprinzipien zu erreichen suchen und eine pädagogisch praktikable Basis ihres Handelns anstreben. Ist hier die Gefahr einer Pädagogisierung des Evangeliums gegeben, so ist die entgegengesetzte Gefahr der Theologisierung der Pädagogik nicht minder vertreten.
So definiert G. Bohne Erziehung als „Mithilfe zur Erlösung im Raum der Gemeinde". Jesus wird für Bohne zum pädagogischen Vorbild:

„So wie Menschen den Glauben an Gott hindern können, können sie auch zum Glauben helfen. Also gibt es auch Erziehung zum Glauben" (II, 62).

W. Uhsadel leitet von der Christologie her seine „Evangelische Erziehungs- und Unterrichtslehre" ab, indem er das „dreifache Amt" Christi in Anspruch nimmt. In der Lehre vom dreifachen (dem prophetischen, dem priesterlichen und dem königlichen) Amt hat die Kirche Christus als den vollgültigen, die Erwartungen des Alten Testaments erfüllenden Mittler dargestellt. Jedes dieser drei Ämter spiegelt sich nach Uhsadel in der Erziehung ab. Bei dieser Ableitung bedient er sich des Inkarnationsmodells (o. S. 24): „Soll Erlösung geschehen, so muß sie in menschliches Leben und Wirken eingehen" (II, 15f.).

Radikal trennt O. Hammelsbeck zwischen Erziehung und Evangelium, zwischen Pädagogik und Theologie, indem er im Sinne K. Barths das Evangelium kritisch gegen die Religion ausspielt: „Wenn aber die Religionspädagogik notwendigerweise auf Religion und religiöse Erziehung bezogen ist, dann färbt die theologisch-soteriologische Disqualifikation, die von der dialektischen Theologie über ihren Gegenstand verhängt wurde (gemeint ist die Verurteilung der Religion durch die dialektische Theologie, d. Verf.), auch auf sie selbst ab: Wie die Religion sieht sich ... auch die Religionspädagogik vom Evangelium gerichtet, entmächtigt, ja aufgehoben" (49). Damit wird im Raum der evangelischen Unterweisung das Problem der Methodik als eine grundsätzlich sekundäre Frage angesehen (Reents 14). Es ist offenkundig, daß von dieser Theorie her keine brauchbare Praxisanweisung zu gewinnen ist, denn die Praxis muß sich nun einmal auf den konkreten Menschen und seine konkreten Lebensformen beziehen – Praktikabilität ist offensichtlich ein (nicht das einzige, aber immerhin ein) Kriterium für oder gegen einen sachgemäßen theologischen Denkansatz. Auf der anderen Seite verliert der Glaube sein „Eigentliches" (er wird eben dann zur Weltanschauungskunde oder zur Sozialpädagogik), wenn er voll pädagogisiert wird. Wir halten darum an unserer These fest: Der Glaube geht in die menschlichen Lebensformen ein (damit ist die Praxisferne einer absoluten Theologie zurückgewiesen), aber er geht nicht in ihnen auf (damit ist die Unverfügbarkeit des alle menschlichen Möglichkeiten überschreitenden Handelns Gottes gewahrt).

Eine Erziehung zum Glauben also kann es nicht geben. Dabei steht nicht nur die Freiheit des göttlichen Handelns, sondern ebenso die Autonomie des menschlichen Handelns auf dem Spiel. Luther bezeichnet Erziehung als „weltlich Ding“, das sich zwar vor dem Glauben verantworten muß, aber dennoch dem Glauben gegenüber seine volle Eigenständigkeit bewahrt.

Die Bedeutung von Wort und Sakrament. Nun hat sich aber Gott in seiner Freiheit andererseits gebunden, indem er – nach dem Verständnis der evangelisch-lutherischen Bekenntnisschriften – bestimmt hat, wo er dem Menschen begegnen will: in Wort und Sakrament (Augsburger Bekenntnis von 1530, Art. V). Von daher scheint eben doch ein gezieltes menschliches Handeln möglich und geboten, das zwar dem göttlichen Subjekt gegenüber nur eine Hilfsfunktion besitzt, aber doch kraft der Bestimmung Gottes eine unentbehrliche Hilfsfunktion. In den älteren Zielbestimmungen für den evangelischen Religionsunterricht wird diese Einstellung deutlich: „Es ist der Auftrag aller christlichen Verkündigung, daß Glaube geweckt und Gemeinde gebaut werden. Das allein muß auch die Aufgabe der christlichen Unterweisung in der Schule sein. Diese Unterweisung hat die Wirklichkeit der Gemeinde zur Voraussetzung und will zur lebendigen Gemeinde hinführen. Sie hat die Aufgabe, die Kinder in die heilige Schrift, in das Bekenntnis, in den Gottesdienst, in das Singen und Beten der Gemeinde einzuführen, sie zum lebendigen persönlichen Glauben aufzurufen und sie so auszurüsten, daß sie den Kampf des Lebens in christlicher Festigkeit bestehen können“ (Lehrpläne f. d. kirchl. Unterricht an den Volks- und Berufsschulen, hg. v. Evang.-Luth. Landeskirchenrat in München, 1957^{6}).
Die Kinder sind also dorthin zu führen, wo Glaube geweckt wird; dieses letztere bleibt dann allerdings Gott vorbehalten. Die Begegnung mit Gott ist nicht verfügbar, aber sie kann anhand der Maßgaben Gottes herbeigeführt werden, indem die Menschen diejenigen äußeren Bedingungen herstellen, an die Gott sich gebunden hat. Darin hatte auch Luther die Möglichkeit der obrigkeitlichen Einflußnahme gesehen: Der Mensch kann nicht den Glauben bewirken, aber die Obrigkeit kann immerhin dafür sorgen, daß er den Sonntagmorgen nicht im Wirtshaus, sondern in der Kirche verbringt, daß er also dem Handeln Gottes ausgesetzt wird.

Die Wirkung des Erzählens biblischer Geschichten. Nun ist aber auch dieser Gedanke einzuschränken: Wenn der Mensch der Wirkung der

Predigt ausgesetzt wird, folgt der Glaube, d. h. die Begegnung mit Gott, keineswegs zwangsläufig. Das ist zwar offensichtlich, wird aber von allen denen dennoch übersehen, die etwa im Kindergarten das Erzählen biblischer Geschichten propagieren, ohne nach den jeweiligen Verstehens- und Erlebensmöglichkeiten des Kindes zu fragen. Damit ist nichts gegen das Erzählen biblischer Geschichten gesagt; es ist aber so viel gesagt, daß die bloße Konfrontation mit dem Wort der Bibel – wo möglich nach dem Motto „Viel hilft viel" – nicht zwangsläufig zum Glauben führt, sondern unter Umständen ausgesprochen negative, abstumpfende, desmotivierende Wirkungen haben kann, und daß also mit dem regelmäßigen Erzählen die Verpflichtung zur religiösen Erziehung keineswegs erfüllt sein kann. Wort und Sakrament sind keineswegs magisch verwendbare Vehikel der göttlichen Gnade – sie sind ganz gewiß nicht als methodisch einplanbare Begriffe zu verstehen.

Die Notwendigkeit des Zeugnisses. Allerdings ist der christliche Glaube weder vernunftnotwendig noch naturbedingt. Sondern er gründet in der Einmaligkeit der Christusgeschichte, auf deren Inhalt keiner von allein käme, die man sich nicht ausdenken kann. Er ist daher angewiesen auf das Weitersagen, auf den Zuspruch von außen, auf Predigt, Vermittlung, Verkündigung, Zeugnis oder wie immer man das ausdrücken will. Ohne Wort und Sakrament gäbe es keine Kirchen, keine Gemeinschaft der Glaubenszeugen und damit – nach dem Willen Gottes – auch keinen Glauben. Wort und Sakrament sind die geschichtlichen Wirkfaktoren des Glaubens, nicht aber die methodischen Mittel zur Erzeugung individuellen Glaubens. Begegnung mit Gott erfolgt auch im Rahmen der Verkündigung nicht zwangsläufig. Auch der historische Jesus mag Tausenden gepredigt haben, aber nur wenige davon gelangten zum Glauben. Dabeisein heißt noch keineswegs Gott begegnen und damit auch nicht unbedingt glauben, damals ebenso wie heute in der Kirche.

Was nun aber? Den hohen Anspruch, daß religiöse Erziehung zum Glauben führen könne, haben wir zurückgewiesen. Den Versuch, Kinder der Kirche einzugliedern und dadurch – gewissermaßen auf einem Umweg – zwangsläufig den Glaubensprozeß auszulösen, haben wir zumindest in dieser Zwangsläufigkeit abgewiesen – schließlich finden sich genügend Beispiele, wo gerade der Versuch solcher Eingliederung negativ ausgegangen ist (man denke z. B. an das Selbstzeugnis Tilman Mosers). Fast zwangsläufig geraten wir damit zu der These, religiöse Erziehung leiste Vorfeldarbeit, sie sei Vorbereitung auf die Verkündigung.

Vorfeldarbeit. Der Begriff der Vorfeldarbeit setzt sich zunehmend durch. Aber auch er, so hilfreich er im Moment erscheinen mag, ist problematisch: Er suggeriert die Vorstellung, daß das „Eigentliche", das Anstrebenswerte irgendwo anders, hinter dem Erziehungsgeschehen zu suchen sei. Verständlich ist der Begriff auf dem Hintergrund katholischen Denkens, wonach Natur und Gnade voneinander abgehoben sind. Die Gnade wird dann manifest im eigentlichen Handeln der Kirche, und die Sakramentserziehung etwa setzt sich deutlich von der religiösen Vorfelderziehung ab. Hierbei kommt zu wenig zum Ausdruck, daß es keine Manifestation der Gnade gibt, die nicht der prinzipiellen Zweideutigkeit unterworfen ist. Wohl kann man von der Selbstdarstellung des Glaubens aus nähere und fernere Themenkreise unterscheiden. Aber es darf nicht zu der Vorstellung führen, als ob es eine Themenskala im Sinne einer didaktischen Leiter gäbe, wonach man mit jeder weiteren Sprosse der Erfassung des Eigentlichen wirklich auch innerlich näherkäme – was dem einen das Heiligste seines Glaubens ist, gerade das kann dem anderen zum Objekt seiner Kritik, ja seines Spottes werden. Auch die „Krisis-Pädagogik" G. Bohnes oder O. Hammelsbecks war diesem Stufendenken verfallen, indem sie das Humanum im Sinne eines hier nun negativen Vorfeldes interpretierte, das erst durchschritten, überwunden, zerbrochen werden müsse. So urteilt K. Dienst über Hammelbeck: „Religionspädagogisches Denken führt, wie die Erziehung selbst, keinesfalls auf das Evangelium hin, sondern bleibt im religiösen Vorfeld desselben" (108). Allerdings ist das, was hinter dem Vorfeld liegt, hier nun nicht eine weitere Stufe des menschlichen bzw. kirchlichen Handelns, sondern gewissermaßen formal die Erwartung des Handelns Gottes.

Glaubensvermittlung „in, mit und unter" allg. Lernprozessen. Im Gegensatz zu solchem Stufendenken versuchen wir nun auch hier, die Zwei-Naturen-Lehre anzuwenden (vgl. o. S. 26). Wie der Glaube in die konkreten Formen eingeht, ohne in ihnen aufzugehen, so auch die Glaubensvermittlung: Die Glaubensvermittlung tritt nicht zu einem allgemeinen religiös-anthropologischen Lernprozeß ergänzend hinzu als ein supranatural begründetes Sondergeschehen (im Sinn der Vorfeldarbeit und ihrer Übersteigerung durch das „Eigentliche"), und sie

tritt diesem Lernprozeß ebenso wenig entgegen (im Sinne der Infragestellung, Aufhebung, Entmächtigung). Die Glaubensvermittlung vollzieht sich vielmehr unter den Bedingungen dieses Lernprozesses. Sie vollzieht sich (in Aufnahme eines Denkschemas aus der Abendmahlslehre) „in, mit und unter" den allgemeinen Lern- und Sozialisationsbedingungen. Beide Aspekte sind „ungetrennt und unvermischt". Gegenstand erziehungswissenschaftlicher Erwägungen kann aber nur die empirische, anthropologisch-soziale Dimension des Gesamtprozesses sein. Der Glaube ist in seiner Weitergabe durch die Formen des sozialen Lernens bedingt, die er aber immer zugleich übersteigt. Glaube als theologischer Begriff und Lernen, Erziehung, Sozialisation als erziehungswissenschaftliche Begriffe sind verschiedenen wissenschaftlichen Kategorien zugehörig. Ihre eindimensionale Vermischung verbietet sich somit. Eine „Erziehung zum Glauben" ist von daher schon begrifflich ein Unding.
Beide Begriffsebenen sind aber in den konkreten Vorgängen so ineinander verschränkt, daß sie nicht voneinander zu lösen sind. Mit einem Vergleich mag der Sachverhalt noch einmal verdeutlicht werden: „Sohn Gottes" ist ein theologischer Begriff, der auf Jesus von Nazareth angewandt wird; in dieser Denkkategorie ist Jesus „wahrer Gott und wahrer Mensch" in einem. Humanwissenschaftlich betrachtet, bleibt aber die theologische Qualifizierung dieses einen Menschen als „Sohn Gottes" gegenstandslos. Der Glaubende begegnet in Jesus Christus Gott – dem empirisch Fragenden zeigt sich aber nur die durchaus zweideutige Gestalt des Menschen Jesus von Nazareth. Glaubensvermittlung vollzieht sich unter den Bedingungen allgemeiner Lernprozesse; so haben nicht nur unterrichtliche Veranstaltungen eine mögliche Bedeutung für den Glauben, sondern auch Predigt oder Sakramentsfeier zugleich eine didaktische Dimension.
Wenn wir die Frage nach der Lehrbarkeit des Glaubens beantworten wollen, so müssen wir sagen: Lehrbar sind bestimmte, durch den Glauben qualifizierte Lebensformen, derer sich der heilige Geist bedienen mag – der Glaube vermittelt sich, „wann und wo es Gott gefällt", unter den Lebensformen, die in den üblichen Lernprozessen vermittelbar sind.
Damit können wir nun weitergehend nach den erziehungswissenschaftlich relevanten Gestalten oder Manifestationen des Glaubens fragen.

DIE MANIFESTATIONEN DES GLAUBENS IM BEREICH DER ERZIEHUNG

Motivation des Erziehers als Manifestation des Glaubens. Glaube manifestiert sich im ethischen Bereich, im Bereich des menschlichen Handelns. Sofern menschliches Handeln nicht unmittelbar affektbestimmt ist, gründet es in bestimmten Wertvorstellungen. So, wie wir oben sagten, daß aller Glaube Früchte bringen muß, so ist umgekehrt alles menschliche Handeln in einem Wertzusammenhang oder weltanschaulichen System gegründet. Das gilt auch für das erzieherische Handeln. Warum wird jemand Erzieher oder Erzieherin? Das kann ganz unterschiedliche Motive haben, gelegentlich werden es sekundäre Motive sein (weil er in einer entsprechenden Familientradition steht z. B.). In der Regel wird man irgendeine Idee bzw. ein Ideal, und das heißt eine Wertvorstellung mit seinem Berufsziel verbinden und als Christ sogar einen Auftrag Gottes darin sehen. Diese Motivation treibt ihn zu seinem Studium, treibt ihn dazu, sich mit den entsprechenden Theorien seiner Zeit auseinanderzusetzen, sich die relativ bestmögliche Ausbildung zu verschaffen. Die Ausbildungsmöglichkeit selbst sowie die jeweils herrschenden Theorien sind soziokulturell unterschiedlich bedingt. Dabei läßt die Motivation durch den Glauben durchaus den Zugang zur einen oder anderen pädagogischen Theorie offen. In der Bibel finden sich gegensätzliche Äußerungen zur Erziehung („Wer seinen Sohn lieb hat, der züchtigt ihn beizeiten", Spr. 13, 24 – „Wo aber der Geist des Herrn ist, da ist Freiheit", 2. Kor. 3, 17) – die sich weder gegeneinander ausspielen lassen (als ob einmal ein autoritärer, das andere Mal ein emanzipatorischer Erziehungsstil als jeweils typisch und legitim christlich ausgegeben werden könnten) noch auf eine heilsgeschichtliche Stufenfolge zu bringen sind (als ob Altes und Neues Testament in der heutigen Polarisierung von autoritärem und antiautoritärem Denken aufgingen), wiewohl ein solches Fortschreiten mit hineinspielt. Insofern gibt es keine christliche oder bibelgemäße Erziehung, wohl aber den christlichen Erzieher, keine christliche Lerntheorie, wohl aber ein christlich motiviertes Lernen, keine Erziehung zum Glauben, wohl aber eine Erziehung in der Verantwortung des Glaubens, in evangelischer Verantwortung (H. Kittel: Der Erzieher als Christ).

Auf der anderen Seite – wir deuteten das schon an – kann der durch den Glauben Motivierte in seinen konkreten Handlungen durchaus sich mit Menschen verstehen und verständigen, deren gleiche Handlungen anders motiviert sind. So ist z. B. in der Kleinkindpädagogik eine weitgehende Zusammenarbeit zwischen Religionspädagogen und tiefenpsychologisch orientierten Pädagogen gegeben, weil beide – aus durchaus verschiedenen Blickrichtungen – um die Ganzheit des Menschen und die daraus sich ergebende Notwendigkeit integrativer Erziehung wissen und bemüht sind.

Die soziale Gruppe als Manifestation des Glaubens. Der christliche Glaube stiftet Gemeinschaft. Das Alte Testament ist auf das Volk bezogen, das Volk Israel, in dessen Geschichte Gott sich offenbar, innerhalb dessen auch die Jesusgeschichte sich vollzieht.

Im Neuen Testament wird der Begriff des Volkes Gottes auf die christliche Gemeinde übertragen und damit entgrenzt, universalisiert. Immer aber gilt das Handeln Gottes einer Gemeinschaft von Menschen, als deren Glied dann auch der Einzelne zum Partner Gottes wird. Das liegt im Wesen des christlichen Glaubens: Wenn Gott als „Du“, als Person gedacht wird, dann ist Glaube immer schon auf Gemeinschaft bezogen (wir haben den christlichen Glauben oben als ein „Begegnen“ Gottes beschrieben). Da aber Gott ein Gott aller Menschen ist, kann diese Gottesbeziehung keine exklusive sein, sondern sie schließt grundsätzlich alle Menschen mit ein, begründet also auch die Gemeinschaft der Menschen untereinander.

So stark ist dieser Gedanke im christlichen Glauben verankert, daß die christliche Gemeinde von Anfang an Gott selbst das Moment der Gemeinschaft zuschreiben mußte, ohne damit Gott von irgendjemand anderem abhängig werden zu lassen: In der Vorstellung von der Trinität hat Gott Gemeinschaft mit sich selbst, im heiligen Geist hat Gott als Vater Gemeinschaft mit dem Sohn; vielleicht gewinnen wir gerade von diesem Hintergrund her Zugang zu der sehr schwierigen trinitarischen Gottesvorstellung.

Gemeinschaft zwischen Menschen zieht sich aber über die Generationenfolge hin. Die nachwachsende Generation wird in die bestehende Gemeinschaft hineingezogen bzw. hineinerzogen. Durch Teilnahme

und Nachahmung übernimmt das Kind die Prinzipien der Gemeinschaft – wir sprechen vom Sozialisationsprozeß.
Wenn also christlicher Glaube in einer sozialen Gruppe Gestalt gewinnt, dann geht er auch in die mit dieser Gruppe gegebene Sozialisation ein. Und zwar vermittelt der Sozialisationsprozeß nicht nur Werteinstellungen durch die Gruppe, sondern er vermittelt die Gruppe selbst als Wert, er läßt sie als Wert erlebt werden. Damit wird in dem Maß, in dem der Sozialisationsprozeß gelingt, christliche Erziehung bzw. Sozialisation nicht nur durch Gemeinde getragen, sondern auch Gemeindebewußtsein und Gemeindezugehörigkeit durch Erziehung bzw. Sozialisation vermittelt.

Gesellschaftliche Verhaltensmuster als Manifestation des Glaubens. Die überlieferte Glaubenspraxis hat zu bestimmten Verhaltensmustern geführt, die auch noch zum Teil heute allgemeine, bisweilen gruppenbezogene Geltung besitzen. Der Mensch unterscheidet sich z. B. vom Tier durch Tischsitten, d. h. dadurch, daß er die unmittelbare und hemmungslose Triebbefriedigung zugunsten anderer Orientierungsschemata zurückstellt. Das Tischgebet ist eine mögliche Form der Tischsitte.
Glückwünsche bei den verschiedensten Anlässen sind ein Ausdruck dafür, daß der Mensch die einzelnen Ereignisse oder Phasen seines Lebens in einen weiteren biografischen bzw. historischen Zusammenhang stellt; man gratuliert zu Erreichtem und wünscht Glück für Bevorstehendes oder Geplantes. Darin drückt sich aus, daß der Mensch den neu beginnenden Lebens- oder Zeitabschnitt überblicken und einem größeren Sinnganzen zuordnen kann. Segenswünsche sind eine inhaltlich spezifizierte Form von Glückwünschen.
Feste sind die besondere Möglichkeit des Menschen, aus dem Lebensautomatismus herauszutreten, sich vom Alltag abzusetzen, sich den äußeren Zwängen des Lebens zu widersetzen und die Zeit Gestalt werden zu lassen. Der christliche Jahresfestkreis und die gläubige Begehung der Lebensabschnitte (Geburt, Hochzeit, Tod; Geburtstage, Jubiläen) verbinden dieses menschliche Grundbedürfnis mit den Inhalten des Glaubens.
Rhythmisierung des Zeitablaufs, religiöses Brauchtum und religiöse Konvention als Vorgaben zur Ausgestaltung der Zeit, zur Bewältigung von Lebensaufgaben, zur Verarbeitung von Schicksalsschlägen sind verhaltensspezifischer Niederschlag christlichen Glaubensverständ-

nisses, der einen Bestandteil der Lebenspraxis und damit der Sozialisation ausmacht. Daß solche Vorgaben für die nächste Generation zur Aufgabe werden, daß Tradition sich ständig der wechselnden Situation vermitteln muß, und daß damit tradierte Verhaltensmuster nicht nur Lernprozesse bedingen und auslösen, sondern ihnen selbst unterworfen sind, versteht sich von selbst.

Information als Manifestation des Glaubens. Überlieferte Verhaltensmuster haben es an sich, daß ihr Sinn schließlich nicht mehr unmittelbar verstanden wird. Ein klassisches Beispiel für dieses Problem bietet das altisraelitische Credo Dt 6, 20: „Wenn dich dann künftig dein Sohn fragt: Was sollen denn die Verordnung, die Satzungen und Rechte, die euch der Herr, unser Gott geboten hat? so sollst du deinem Sohn sagen: Wir waren Sklaven des Pharao in Ägypten. Da führte uns der Herr mit starker Hand heraus aus Ägypten . . .“.

Glaube manifestiert sich also auch im kognitiven Bereich, als Erzählung, als Information, als Kunde. Der christliche Glaube gründet in einer Geschichte (s. S. 33). Diese Geschichte hat ihre Spuren in menschlichen Verhaltensformen hinterlassen. Aber diese Spuren bedürfen der fortgehenden Erläuterung, indem die Ursprungsgeschichte weitererzählt wird, sei diese Erzählung nun an Fremde (Missionspredigt), an die nachwachsende Generation (Katechese) oder an die eigene Gruppe (Homilie) gerichtet. So entstand die mündliche Tradition und schließlich die schriftliche (die Bibel) als Niederschlag der mündlichen; so entstanden Predigt, Lehre, Schriftforschung, Theologie.

Deshalb ist das Weitersagen und Erzählen auch heute Grundlage der religiösen Erziehung. Biblische Geschichte als Ursprungsgeschichte des Glaubens wird dabei immer den Vorrang haben. Anzureichern ist dieser Stoff durch Erzählungen aus der Wirkungsgeschichte des Glaubens (der katholische Erzieher wird hier in erster Linie an Heiligenlegenden denken, deren Substrat bei entsprechend kritischer Auswahl teilweise durchaus auch im evangelischen Bereich anwendbar ist; es bietet sich aber auch eine Fülle protestantischer Glaubenserzählungen oder moderner Kinder- und Jugendliteratur an) oder aus der Anwendungsgeschichte, das hieße aus der eigenen Lebenserfahrung des Erziehers, (daß hier besondere Behutsamkeit am Platz ist, um Kinder in ihrem Identifikationsbedürnis nicht in die Enge zu treiben bzw. Dinge nicht preiszugeben, die außerhalb der Eigenerfahrung zu Peinlichkeit und Lächerlichkeit führen können, ist selbstverständlich).

Die Inhalte des Glaubens. Während die Erzählung den Begegnungscharakter des Glaubens noch unmittelbar widerspiegelt, kann die Information dann auch in die objektivierende Form übergehen, in der nun „der Glaube“ als geschichtlich-systematisches Wissen vom Christentum erscheint. Daß der Glaube im eigentlichen Sinn (das Glauben als Vertrauen oder Sich-hin-geben) damit gerade nicht umschrieben ist, wurde oben schon ausführlich dargelegt.

Dennoch ist auch dieser Niederschlag des Glaubens in einer Lehre unaufgebbar, solange sein sekundärer Charakter bewußt bleibt. Der mündige Laienchrist soll nicht nur „Lehre urteilen“ können, wie das die Reformationszeit forderte; er muß heute – was mindestens so wichtig ist – Lebensformen und Verhaltensweisen beurteilen können; er muß durchschauen können, ob eine Gruppe der Gesellschaft in ihrer Handlungsmotivation zu Recht sich auf den christlichen Glauben oder die christliche Tradition beruft.

Er bedarf also der Einsicht in den christlichen Motivationszusammenhang. Das heißt, christliche Lebenspraxis muß sich Rechenschaft geben können über ihre Identität, über ihre Übereinstimmung mit ihren eigenen Wurzeln und ihrer eigenen Geschichte. Glauben und Handeln, Glaubenslehre und Ethik, Lebenspraxis und religiöses Symbolsystem sind nicht voneinander zu lösen.

Insofern treten die „Inhalte“ des Glaubens, tritt also das „was“ keineswegs hinter den Lebensformen bzw. hinter dem „wie“ zurück, auch wenn der Akzent auf dem „wie“ liegt. Aber die glaubensgemäße Lebenspraxis ist eben ableitbar nur aus dem Netz motivierender Impulse, die sich in dem System von Glaubensvorstellungen und Symbolen niederschlagen.

Verhaltensdispositionen als psychische Manifestation des Glaubens. Damit sind wir wieder bei den psychischen Lebensformen des Glaubens, die es nun des weiteren näher zu entfalten gilt. Glaube manifestiert sich im Bereich psychischer Strukturen, in einem System von Verhaltensdispositionen. Unter einer Verhaltensdisposition verstehen wir ein bestimmtes Verhalten eines Menschen, das aufgrund mehrfachen Auftretens auch in Zukunft zu erwarten ist und von daher auf eine innere Haltung schließen läßt.

Der, dem Gott begegnet, wird zu einem anderen, einem neuen Menschen. Sein Verhalten wird sich irgendwie ändern, und zwar – im Gegensatz zu einem oberflächlichen momentanen Bekehrungserlebnis, das vielleicht unter psychischem Druck steht und daher leicht rückfällig ist – auf Dauer. So werden aus Christenverfolgern Gemeindegründer (Paulus). Aber auch in bescheidenerem Rahmen wird eine Veränderung spürbar sein (s. o. S. 25). Im Rahmen der psychischen Struktur manifestiert sich die Begegnung mit Gott als Faktor des „Individuationsprozesses", des Weges des Menschen zu sich selbst. Sie führt damit zu einem neuen Welt- und Selbstverständnis. Dieses neue Verständnis motiviert das eigene Handeln, läßt die Teilhabe an der Lebensform der „Gemeinschaft der Gläubigen" als positiven Wert erleben, fühlt sich in den entsprechenden Verhaltensmustern zu Hause und hält den Vermittlungsprozeß der Heilsgemeinschaft in Gang. Die übergreifenden gesellschaftlich institutionalisierten Gestaltelemente des Glaubens werden hier als Modell des eigenen Daseinsentwurfs aufgenommen. Insofern haben die Manifestationen des Glaubens, die im Voranstehenden beschrieben wurden, ihre Wurzel sämtlich in der neu gewonnenen Haltung des Einzelnen.

Glaube in der Gestalt der Haltung. Glaube manifestiert sich also in Haltungen oder, wie wir oben sagten, Lebensformen. „Haltung" ist ein erziehungswissenschaftlich bzw. psychologisch relevanter Begriff. Nicht das Glauben, wohl aber die durch diesen Glauben geprägten und ausgelösten Haltungen können im Erziehungs- und Sozialisationsprozeß vermittelt werden, und zwar im Rahmen des Aufbaus von Werthaltungen überhaupt. Diese Unterscheidung zwischen dem Glauben und den Glaubenshaltungen ist nicht so zu verstehen, als werde mit der Haltung der Glaube zwangsläufig vermittelt, denn dann wäre seine Unverfügbarkeit doch zugunsten einer Pädagogisierung aufgehoben. Auch die Teilnahme an der kirchlichen Lebenspraxis führt nicht zwangsläufig zum Glauben (s. o. S. 32), und diese Lebenspraxis ist nichts anderes als ein bestimmter Komplex von Haltungen. Auf der anderen Seite sind die Haltungen keineswegs vom Glauben gelöst und damit mehr oder weniger beliebig; sie sind auch kein bloßes „Vorfeld" zum Glauben, denn dann wäre Glauben eben doch etwas Ungreifbares „über" seiner leibhaften Gestalt. Die Widerspruchhaftigkeit dieser Aussagen ist im Paradox der Offenbarung Gottes begründet: Indem Gott Mensch wird, geht er in diese Widersprüchigkeit und Zweideutigkeit ein. Dieser Gedankengang ist im vorliegenden Zusammenhang deshalb wichtig, weil sowohl die pädagogische Unverfügbarkeit der Gottesbegegnung als aber auch eine erziehungswissenschaftlich relevante Basis der christlichen Erziehung festgehalten werden müssen, wenn anders in sinnvoller und beiden Eigenbereichen gerecht werdender Gestalt über Glauben und Lernen gesprochen werden soll.

Glaubensbeziehung im Vergleich zur Liebesbeziehung. Ein Vergleich soll dies verdeutlichen. Es ist kein Zufall, daß die Bibel das Gott-Mensch-Verhältnis in der Regel im Bild der Eltern-Kind-Beziehung oder der Gattenliebe darstellt. Denn ähnlich wie der Glaube ist die Liebe ein kontingentes, d.h. zufälliges Ereignis, nicht machbar, nicht konstruierbar, nicht vermittelbar. Ähnlich wie beim Glauben vermag ich wohl Gründe oder Motive anzugeben, warum ich einen Menschen liebe oder nicht liebe; aber in diesen Gründen oder Motiven ist das Eigentliche nicht beschrieben. So mögen Eltern ihrer Tochter mit guten Gründen den Wert eines jungen Mannes vor Augen halten, und die Tochter vermag diese Vorzüge einzusehen, aber mit dieser Einsicht ist noch keineswegs Liebe gegeben.
Glaube und Liebe beruhen auf personaler Begegnung. Begegnungen können wohl gestiftet werden, aber es bleibt im Bereich des Unverfügbaren, ob es zu einer inneren Begegnung, zum Betroffensein kommt. Auch die Psychologie vermag bestenfalls im Nachhinein anzugeben, daß aufgrund dieser oder jener unbewußten Zusammenhänge dies oder jenes geschehen mußte oder nicht geschehen konnte; sie vermag aber nicht im voraus zu konstruieren, wie zwei Menschen aufeinander wirken und reagieren werden. Man kann auch hier vergleichen: Im Nachhinein kann man sagen, daß bestimmte Glaubensschwierigkeiten eines Menschen auf frühkindlichen Mangelerscheinungen beruhen mögen, mangelndem Urvertrauen, dem Ausfall der Vatererfahrung oder was immer; aber alles das reicht niemals aus, selbst bei optimaler Kenntnis der Verhältnisse, den Glaubensweg eines Kindes vorauszusagen.
Liebe kann man also nicht erzwingen, d. h. man kann sie nicht vermitteln. Nun schlägt sich aber eine erlebte Liebesbeziehung in bestimmten Haltungen nieder. Der Mensch, der Liebe wirklich erfahren hat, wird selbst in irgendeinem Sinn ein anderer werden. Diese Haltungen sind selbständig vermittelbar. Ein Ausdruck der Liebe ist beispielsweise die Zärtlichkeit. Zu dieser Zärtlichkeit kann man Kinder durch-

aus befähigen, ohne daß damit garantiert wäre, daß sie jemals als Erwachsene zu einer erfüllten Liebesbegegnung kommen, die diese erworbene Verhaltensform nun auch inhaltlich ausfüllt. Ein anderer Ausdruck der Liebe ist die Fähigkeit, auf den anderen einzugehen. Auch diese Fähigkeit ist vermittelbar und hat für die Mitmenschen des Betreffenden sicherlich ihren hohen Wert (d. h. sie ist nicht nur als Vorbereitung auf das zu verstehen, was dann kommen muß, wenn nicht diese ganze Erziehung sinnlos gewesen sein soll), ohne daß eine Garantie dafür bestände, daß sie jemals in einer erfüllten partnerschaftlichen Beziehung praktiziert wird.
Andererseits schließt das Fehlen solcher erworbener Liebeshaltungen eine echte Liebesbeziehung keineswegs aus: Auch der Gehemmte, Steife, Eigensüchtige kann von einer zwischenmenschlichen Begegnung überrascht werden, die ihn sozusagen „entwaffnet“ und ihm neue, bis dahin ungeahnte Verhaltensformen eröffnet.
Wenn das auch so ist, so wird damit doch keineswegs die Vermittlung der solchermaßen erworbenen Haltung überflüssig. Denn für den Betroffenen lebt seine Liebe in seinen Haltungen und nicht irgendwo darüber: Die gegenseitige Liebe der Eltern geht in die Haltung den Kindern gegenüber ein. Und zugleich hat diese Haltung ihren positiven Wert, auch wenn sie darauf wartet, eines Tages in der Begegnung mit dem „Richtigen“ erst inhaltlich ausgefüllt zu werden und zu ihrer vollen Gestaltung und Bestimmung zu gelangen. Das Verhältnis zwischen dem Glauben und der Glaubenshaltung liegt auf der gleichen Linie. Die Glaubenshaltungen, um die es uns geht, sind vom Glauben geprägt und damit fest mit dem Glauben verbunden. Zugleich sind diese Haltungen aber im Sozialisationsprozeß selbständig vermittelbar. Diese Vermittlung schließt ein, daß sich „in, mit und unter“ den Haltungen der Glaube selbst vermittelt, ohne daß das garantiert wäre. Andererseits ist nicht ausgeschlossen, daß eine Gottesbegegnung gerade dort völlig neue Formen setzt, wo vielleicht keine vermittelten Formen vorhanden waren – Formen, die ihrerseits aber damit vermittelbar werden. So erklärt sich, daß christliche Gesellschaften oder Familien echter Gläubigkeit verlustig gehen können, daß zugleich anderswo spontane Gläubigkeit entsteht – Gott kann sich auch aus „Steinen“ Kinder erwecken, sagt die Bibel. So erklären sich schließlich die „Sprünge“ in der Offenbarungsgeschichte. Das neue Gottesverhältnis Jesu von Nazareth hat neue Formen gesetzt (beispielsweise im Beten des Vaterunsers), die nun vermittelbar werden (man kann es

lernen und die Kinder an das Gebet gewöhnen) und damit die bisherige Praxis ins Unrecht setzen, die aber bis zu diesem Zeitpunkt die vermittelbare und vermittelte Form echter Gottesbegegnung gewesen war. Die Vermittlung der Formen hat zwar die Zugehörigkeit zur entsprechenden Gruppe (zum Volk Israel, zur christlichen Gemeinde), nie aber das erfüllte persönliche Glaubenkönnen garantiert, wiewohl aber erfülltes persönliches Glaubenkönnen in ebendiesen Formen sich vollzog, bis durch eine neue spontane freie Tat Gottes, durch eine neue Gottesbegegnung neue Formen gesetzt wurden, die ihrerseits dann wieder die gleiche, durchaus zweideutige Wirkung nach sich zogen. In der Erziehung haben wir es mit diesem Bereich der Glaubensformen zu tun, und zwar in voller Verantwortung für die darin geschehene und bislang sich vollziehende Gottesbegegnung, gleichzeitig aber in der Behutsamkeit der Einsicht, daß Gott in seinem Handeln frei ist und jederzeit durch neue Begegnungsimpulse unsere geübte Praxis infragestellen, weiterführen, überwinden kann. In diesem Sinn verstehen wir religiöse Erziehung im Rahmen der religiösen Sozialisation als Aufbau entsprechender Haltungen.

DIE HALTUNGEN DES GLAUBENS

Um welche Haltung geht es? Nach alldem schließt sich nun die Frage an, um welche Haltungen es in der entsprechenden christlich-religiösen Erziehung geht. Von der Beobachtung christlich-kirchlicher Praxis her ließen sich sehr unterschiedliche Antworten geben; wir haben oben schon das Sichtbarwerden des Glaubens zu beschreiben versucht, ohne Eindeutigkeit zu erreichen. Ein konkretes Beispiel läßt sich nennen, an dem heute die gegensätzlichen Meinungen hart aufeinanderprallen: Gehört die politische Betätigung zu den Zielvorstellungen der Glaubenswirkung, oder zeichnet sich Glaube gerade durch Enthaltsamkeit in diesem Bereich aus und durch Beschränkung auf die Probleme der eigenen Innerlichkeit? Weltoffenheit oder Weltabgewandtheit – welches ist die legitime christliche Haltung?
Ein Blick auf die Geschichte der katholischen Ordensgründungen macht die Vielfalt der Deutungsmöglichkeiten vollends einsichtig: Schweigen oder Predigen, ständige Kontemplation oder zeitweilige intensive Aktion, Wissenschaftspflege und Wissenschaftsferne wechseln als Leitbilder ab und machen erst in ihrer Gesamtheit die Fülle der Möglichkeiten christlicher Glaubensverwirklichung aus.
Zugleich wechseln solche Leitbilder in der Geschichte. Das Mittelalter ist gekennzeichnet von intensiver Weltabkehr (unter negativer Beurteilung des „irdischen Jammertals"), womit aber gleichzeitig ebenso intensive Sinnenfreude gegeben sein konnte. Im Pietismus herrschen Zerknirschtheit über die eigene Sünde, Demut und Pflichtbewußtsein, ebenso aber barocke Lebensfreude und Unternehmungsgeist.
Es ist also von vornherein deutlich, daß sich keine völlig objektivierte, allgemeingültige und zwingende Skala von Glaubenshaltungen aufstellen läßt, d. h. jede Gestalt des Glaubens ist stets mehrdeutig.
Wir haben aber bei aller Variabilität der Interpretationsmöglichkeiten nach einer Ableitung zu suchen, die einen möglichst breiten Konsens finden kann. Als Glaubenshaltung ist eine Haltung anzusprechen, die im christlichen Glaubenserlebnis motiviert ist, im Wirkungsbereich des Glaubens verankert, ist, somit in der Wirkungsgeschichte des Glaubens sich aufzeigen läßt. Als Einsatzpunkt für eine solche Über-

legung wählen wir das biblisch-theologische Menschenbild: Wie sieht die Bibel und die Wirkungsgeschichte der Bibel den Menschen? Welche Konsequenzen schreibt sie der Gottesbegegnung auf Seiten des Menschen zu?

Das biblische Menschenbild. Welche psychisch-ethischen Haltungen lassen sich aus den Inhalten der christlichen Tradition als dem symbolischen Niederschlag ihres ursprünglichen Motivationszusammenhangs ableiten? W. Lohff hat, die biblisch-theologische Anthropologie skizzierend, das christliche Menschenbild unter vier Aspekten zusammengefaßt (Lohff 32). Er spricht von „pädagogisch relevanten Inhalten christlicher Glaubensüberlieferung“ und meint damit „exemplarische Aussagen des christlichen Glaubens für menschliches Selbstverständnis und ethische Praxis“. Unter diesem Gesichtspunkt kommt er zu folgender Beschreibung:

„Die Glaubenslehre handelt grundlegend von einer Bestimmung des Menschen, die jedem Menschen gilt. Auf diesen Problemkreis beziehen sich die Symbole der Schöpfung.

Die Glaubenslehre handelt aufgrund dieser ersten Aussage über die Verfehlung dieser Bestimmung durch den Menschen und hat damit die Erfahrung der ‚Entfremdung‘ geschichtlich gedeutet und geprägt. Auf diesen Problemkreis beziehen sich die Symbole von ‚Fall und Sünde‘.

Die Glaubenslehre handelt von der Verheißung der Überwindung der Entfremdung, von der alles Bemühen um heilsame Gestaltung des menschlichen Daseins getragen sein soll. In diesen Problemkreis gehören die Symbole von ‚Versöhnung‘ und ‚Gnade‘.

Die Glaubenslehre handelt von der Hoffnung auf Vollendung des Menschseins und deutet damit die Erfüllung der menschlichen Bestimmung auch angesichts der Erfahrung menschlichen Scheiterns in den Grenzsituationen. In diesen Problemkreis gehören die Symbole der eschatologischen Hoffnung: ‚Unsterblichkeit‘, ‚Auferstehung‘“ (a.a.O.).

Schöpfung. Wir fragen nun nach den Erfahrungsgehalten, die sich in den genannten Symbolen niedergeschlagen haben. Die Bibel betrachtet den Menschen als Geschöpf Gottes, als Ebenbild Gottes, in der Paarbeziehung von Mann und Frau geschaffen, an die Welt verwiesen, um über sie zu herrschen und sie zu verwalten.

In diesen Gedanken drückt sich die Erfahrung des Einzelnen wie des

Volkes aus: Ich habe mich nicht selbst geschaffen. Ich vermag meine Existenz nicht zwangsläufig abzuleiten, sondern ich finde mich in irgendeiner Situation als das Kind dieser Eltern, dieses Volkes, dieser Zeit, dieser Verhältnisse vor. Damit bin ich mir selbst nicht voll verfügbar, ich empfange mein Leben ursprünglich und täglich neu. Ich habe weder mir noch irgendeinem anderen das Leben gegeben, darum darf ich es weder mir noch einem anderen nehmen. Ich finde mich immer schon in der Beziehung zu anderen vor, darum bin ich auf die anderen ebenso angewiesen wie sie auf mich; kein Mensch vermag prinzipiell (nicht nur zeitweilig) für sich allein als Mensch zu leben – selbst Robinson brauchte seinen Freitag zur „Ansprache".

Zugleich weiß ich mich als Geschöpf Gottes und damit in meiner Individualität gewollt und akzeptiert, und zwar in meinen körperlichen, geistigen, charakterlichen Grenzen. Akzeptiert nicht von irgend jemandem, sondern vom Schöpfer aller Dinge, so daß ich von der Meinung meiner Zeitgenossen über mich unabhängig sein kann. So vermag ich mit mir selbst ins Reine zu kommen, mich selbst anzunehmen. Ebenso weiß ich von daher aber, daß ich nicht das Recht habe, über andere Menschen zu urteilen oder ihnen Wert und Unwert zuzuerkennen. Ich weiß mich vielmehr mit den anderen zusammen gewürdigt, Mitarbeiter des Schöpfers bei Ausgestaltung seiner Schöpfung zu sein. In der aktiven Teilhabe an der von Gott gewirkten Geschichte bin ich zu phantasiereicher tätiger Mitarbeit aufgerufen, zugleich aber auch den jeweiligen herrschenden Verhältnissen und Institutionen entnommen und in die Offenheit und Freiheit der Verwirklichung des göttlichen Willens integriert.

Dies und gewiß noch manches andere läßt sich aus der Schöpfungssymbolik folgern. Wenn wir diese Folgerungen nun auf vermittelbare menschliche Grundhaltungen hin konkretisieren, so ergeben sich die Haltung des Sich-Verdankens, des Vertrauens bzw. Sich-Verlassens, des Gelten-lassens (im Sinn der Unverfügbarkeit), der Ehrfurcht, des Staunens; die Haltung des Selbstwertgefühls, der Würde, der realistischen Selbst- und Welteinschätzung, des Vergänglichkeitsbewußtseins; die Haltung der Verantwortlichkeit und Kreativität, der Partnerschaft und Solidarität, der Umweltverpflichtung, der Toleranz. In alledem kommt der Grundcharakter des Glaubens zum Ausdruck; denn im Staunen, im Sich-verlassen, in der Kreativität usw. wird das jeweils Gegebene überschritten, und die Mehrdimensionalität unserer Erfahrungen leuchtet auf. Bei dieser Aufzählung stoßen wir auf das dynamische Problem der Zeitbedingtheit von Haltungen. Zum Sich-Verdanken gehört das altchristliche Ideal der Demut. Kann Demutshaltung aber heute Erziehungsziel sein? Die Antwort auf diese Frage hängt nun tatsächlich davon ab, ob wir die Rückbeziehung der Haltung zu den Inhalten der christlichen Symbolwelt aufrechterhalten oder preisgeben. Als Demut schlechthin im Sinn von Unterwürfigkeit, Unselbständigkeit, Liebedienerei usw. lehnen wir diese Haltung mit Recht als Erziehungsziel ab. Demut (wir mögen dem heutigen Sprachgebrauch angemessenere Begriffe finden) im Zusammenhang der Schöpfungssymbolik ist strikt bezogen auf Gott den Schöpfer; von daher allein gewinnt sie ihre spezifische Qualifikation und ihre Bedeutungszuweisung, die sie zu einer christlichen Haltung macht. Damit steht Demut der Entfaltung des Selbstwertgefühls gerade nicht entgegen, sondern hängt aufs Engste mit ihm zusammen: Die Anerkennung meines Auf-Gott-Bezogenseins ist selbst die Ursache für meine Würde und mein Selbstbewußtsein innerhalb der Schöpfung.

Sünde. Nun kann aber einer entgegenhalten, daß diese Beschreibung des Menschen als Geschöpf Gottes stark idealisiert sei und dem wirklichen Menschen sowie seiner Selbstbeurteilung nicht standhalten könne. Dieser Einwand ist berechtigt. Deshalb ergänzt die Bibel die Schöpfungssymbolik durch die Symbolik des Sündenfalls. Die Geschichten um den Sündenfall drücken die Erfahrungen aus, daß der Mensch einschließlich seiner Lebensverhältnisse nicht so ist, wie er sein sollte und sein könnte. Zugleich ist damit gesagt, daß diese Verfehlung der menschlichen Bestimmung nicht als Schicksal interpretiert werden kann (nach dem Motto: Die Verhältnisse sind nun mal nicht so). Es geht um die – häufig allerdings verdrängte – menschliche Erfahrung, daß ich eigentlich anders könnte; daß ich dem anderen, dem Partner und mir selbst, dem Leben, der Welt, Gott etwas schuldig bleibe; daß ich mich ständig zu entschuldigen suche, indem ich eben dieses Bewußtsein verdränge, mich in eine Lebenslüge flüchte, andere (die Verhältnisse) verantwortlich mache.
Auch hier liegen Mißverständnismöglichkeiten auf der Hand. Ist es gesund, „Schuldkomplexe" zu haben? Wer so fragt, ist einem solchen Mißverständnis erlegen. Wir wollen nicht zu Schuld-„Komplexen" erziehen, sondern zu einer realistischen Selbsteinschätzung. Und diese realistische Selbsteinschätzung besteht für den Christen darin, daß er vor Gott sein Zurückbleiben hinter seiner Bestimmung erkennt. Also

gilt auch hier, daß die sachgemäße Qualität der Haltung erst in Verbindung mit dem Inhalt des Glaubens deutlich wird.

Indem ich um das erste, um die Schöpfung weiß, gewinne ich die Freiheit, mich selbst und die menschlichen Lebensverhältnisse der Kritik zu unterziehen. Im Zusammenhang beider Symbolkreise ist mir sowohl der Optimismus als auch der Pessimismus verwehrt – auch der pädagogische Optimismus bzw. Pessimismus, der einmal behauptet, daß der Mensch von Natur aus gut oder aber von Natur aus schlecht sei. Einem solchen Optimismus entspricht die heute als Erziehungsziel viel zitierte Mündigkeit. Auch wenn „Selbstverwirklichung“, „Emanzipation“, „Mündigkeit“ sich durchaus biblisch interpretieren lassen, so darf das nicht darüber hinwegtäuschen, daß diese Begriffe im christlichen Sinn nicht mit entwicklungsbedingter Zwangsläufigkeit, sondern nur durch das Zerbrechen hindurch verwirklicht werden können. Wenn das alles nun mit dem Symbol der Sünde umschrieben wird, dann ist deutlich, daß der heutige Wortgebrauch von Sünde (im Sinn von Parksündern, Verkehrssündern, ebenso wie im Begriff der „kleinen Sünden, die der liebe Gott sofort straft“) nichts mit dem christlichen Glauben zu tun hat und eher in die Irre führt.

Aus dem Bewußtsein um die Diskrepanz zwischen Sein und Sollen und der Einsicht in die verfehlte Bestimmung des Menschen ergeben sich wiederum bestimmte Haltungen, und zwar eine kritische Haltung gegenüber dem Bestehenden, verbunden zugleich mit der Fähigkeit zur Selbstkritik (der bloße Nörgler ist durch dieses kritische Prinzip nicht legitimiert). Es ist das Mitleiden an der Not und Widrigkeit der Welt, ein Mitleiden, das zugleich zur kreativen Unruhe wird – die Solidarität mit den Leidenden, auch mit den schuldig Leidenden. Der Christ kann sich nicht der Wahrung seiner „weißen Weste“ widmen; er wird vielmehr im vollen Bewußtsein um die mitverschuldete und mitzuverantwortende Gebrochenheit der menschlichen Existenz sich für die Verwirklichung des Willens Gottes einsetzen bzw. der Änderung und Verbesserung der Verhältnisse dienen.

Nun könnte aber die ständige Kritikbedürftigkeit sowohl der Welt als auch meiner selbst mein Engagement eher hemmen, statt zu motivieren, und in die Resignation treiben; aber mit Schöpfung und Sünde ist die Situation des Menschen in biblischer Sicht noch nicht vollkommen umschrieben. Ein Weiteres tritt hinzu: die Symbolik der Erlösung.

Erlösung. Erlösung, Versöhnung, Rechtfertigung – es sind die Zentralbegriffe der christlichen Glaubenslehre, die sämtlich um Wiederherstellung kreisen, die Wiederherstellung der verfehlten menschlichen Bestimmung. „Sie sind symbolische Antworten auf die Frage, wie Reintegration möglich ist, d. h. wie die Verfehlung menschlicher Bestimmung überwunden, wie die aus dieser Verfehlung entstehenden Konflikte des menschlichen Lebens bewältigt werden können" (Lohff 43). Jesu Handeln und Geschick sind Ausdruck der schöpferischen Zuwendung Gottes an den Menschen und der Befreiung von schicksalhaften wie schuldhaften Blockierungen in der Verwirklichung seiner Bestimmung. Sein Kreuz ist die Durchkreuzung menschlicher Selbstgerechtigkeit und Selbstgefälligkeit, auch der religiösen, und seine Auferstehung eröffnet und symbolisiert eine Zukunft über die bestehenden irdischen Begrenzungen hinaus.
In der Erlösungssymbolik spiegelt sich die Erfahrung, daß die im Glauben vollzogene Gottesgemeinschaft unverdient und unerworben ist, daß dem Menschen die Möglichkeit geschenkt wird, neu anzufangen (Vergebung) und sich mutig dem Leben zuzuwenden (Verheißung): „Der Christ kann ganz in der Gegenwart leben, denn ihm ist die Vergangenheit durchgestrichen und die Zukunft gewiß" (K. v. Hofmann). Es ist die Erfahrung unbedingten Angenommenseins, die es dem Menschen ermöglicht, sich selbst anzunehmen, und gerade damit auch sich selbst hinzugeben; denn nur der vermag sich wirlich hinzugeben, der mit sich selbst im Einklang steht. Erlösung knüpft also ganz bewußt an die Schöpfung an, sie ist die Durchsetzung der Schöpfungsabsicht durch die menschliche Selbstverfehlung hindurch. Insofern entsprechen auch die dem Erlösungsbewußtsein gemäßen Haltungen denen des Schöpfungsglaubens, aber sie schließen die Konflikthaltigkeit des menschlichen Lebens ein. Insofern kann man von der Haltung der Konfliktfähigkeit sprechen, d. h. der Fähigkeit, Konflikte getrost ertragen zu können. Es ist die Fähigkeit sich selbst annehmen zu können, wie man ist, den anderen annehmen zu können, wie er ist, eine realistische Welthaltung einnehmen zu können. Zugleich ist es die Freiheit und gewisse Sorglosigkeit, sich unverdient beschenkt zu wissen, sein Leben mutig und getrost anzupacken, sich dem Anspruch des anderen öffnen zu können, ohne an sich selbst gebunden zu bleiben. Es ist die Freiheit von Institutionen und Normen, von Trends und Rollenzwängen, die Freiheit, seine Zukunft zu bewältigen. Es ist schließlich die Freiheit des Gewissens, die nicht zwischen dem guten und dem

schlechten Gewissen oszilliert, sondern in der Spannung zwischen beunruhigtem, mitleidendem und getröstetem Gewissen verharrt und von daher zur Verwirklichung des Guten drängt nach dem Motto: Liebe, und tu, was du willst!
Auch hier sei an einem Beispiel aufgewiesen, daß die Herauslösung der Haltung aus dem Motivationszusammenhang der Glaubensinhalte zu einer völligen Verfälschung führt: Die Sorglosigkeit wird ohne die Voraussetzung der schöpferischen Fürsorge Gottes zum Leichtsinn, oder die Bewältigung des eigenen Schuldigbleibens gerät ohne die Voraussetzung der allmächtigen Vergebungskraft Gottes zur Verdrängung oder zur Leugnung und Abstumpfung. „Das Symbol ‚Rechtfertigung' ermöglicht es, in der Reflektion auf individuell und gesellschaftlich praktizierte und vorlaufend in Anspruch genommene Freiheit diese als verdankte oder ‚befreite Freiheit' zu identifizieren" (Biehl/Kaufmann 12).

Vollendung. Nun ist aber das Leben ständig von der Konflikthaftigkeit begleitet. In der christlichen Glaubenssymbolik drückt sich das darin aus, daß der Christ jeden Tag neu um Vergebung seiner Sünden beten muß, nicht, als ob die Vergebung von gestern nicht gewiß wäre, sondern weil der Lebensprozeß auch die prozeßhafte, das heißt ständig aktuelle Verfehlung des Lebenszieles einschließt. In diesem Sinn spricht Luther davon, daß der Christ immer als „gerecht und Sünder zugleich" anzusprechen sei. Es ist die „Erfahrung des endgültigen Scheiterns der Lebensgestaltung im Tode, aber auch in anderen Grenzsituationen individuellen und sozialen Lebens (Erfahrungen der Grenze individuellen Vermögens, unüberwindliche Desintegration, Feindschaft, Vernichtungskampf)" (Lohff 47). Von daher gelangt der Glaube zur Symbolik der Vollendung. Jede menschliche Lebenssituation weist über sich hinaus, und der Tod des Menschen ist im seltensten Fall die Abrundung, von der man auf ein in sich geschlossenes, erfülltes Leben zurückblicken kann, selbst wenn gewisse Traueransprachen das oftmals so auszudrücken versuchen.
Das biblische Gottesverständnis läßt sich umschreiben als die „alles bestimmende Wirklichkeit" (W. Pannenberg). Gott ist „alles in allem". Er ist also dem „Stückwerk" unseres Lebens und unserer Geschichte immer schon voraus, er ist ein Gott der Zukunft, des Heils (der Ganzheit), der Vollendung. An diesen Gott zu glauben, schlägt sich nieder in der Fähigkeit der „Vorausschau", das heißt nicht der

Vorhersage von Ereignissen, sondern der Vorstellungskraft dessen, was sein soll, der Imaginationsfähigkeit, im Gespür für das Ganze, in der Offenheit für die Zukunft, in der vorauseilenden Kreativität, in der Getrostheit und Geborgenheit gegenüber dem Todesschicksal, im zukunftsoffenen Überwinden gegenwärtiger und zu gewärtigender Fehlschläge, im Vertrauen auf die sich endlich offenbarenden Sinnzusammenhänge und damit in der getrosten nüchternen Hoffnung.

Gerade hier erweist es sich, wie sehr eine Haltung als christliche Haltung auf den Bezug zu den christlichen Glaubensinhalten angewiesen ist. Denn ohne Gott muß die „Getrostheit" angesichts des Todesschicksals als Kopf-in-den-Sand-Stecken, als Resignation, als Oberflächlichkeit verstanden werden und wird im konkreten Schicksal dann rasch ihre eigentliche weltanschauliche Motivation offenbaren. Mit anderen Worten: Gerade in der schweren Belastungsprobe des Todes offenbart sich der Motivationszusammenhang, aus dem eine Haltung erwachsen ist.

Zusammenfassung. Wir blicken noch einmal zurück: Die Gottesbegegnung setzt also psychische und soziale Bewegungen in Gang, in denen sie fortwirkt und sich weiter vermittelt. Das bedeutet für den Betroffenen immer eine Neuorientierung, das heißt einen Lernvorgang: Aus der Begegnungserfahrung mit Gott heraus ergibt sich eine neue Relation und damit eine Umpolung des Selbstverständnisses, eine Umstrukturierung des Wahrnehmungsfeldes (H. Sundén). Diese Umpolung drückt sich in bestimmten Lebensformen und Verhaltensweisen aus.

Das Lernen dieser Formen aber, d. h. der Aufbau entsprechender Verhaltungsdispositionen (Haltungen) und ihre Deutung aus ihrem Motivationszusammenhang wird nun zum Gegenstand religionspädagogischer Überlegungen. Es wird damit in dem Maß verfügbar, in dem Lernprozesse überhaupt verfügbar sind.

Dabei bleibt die Gefahr gegenseitiger Grenzüberschreitungen akut, der Theologisierung psychischer Vorgänge oder der Psychologisierung theologischer Voraussetzungen. Diese Gefahr wird in dem Maß gebannt sein, in dem die Transparenz der Haltungen oder Lebensformen zu ihrem Ursprung oder Motivationszusammenhang hin offengehalten wird. Das heißt, daß Religionspädagogik in ständiger Konfrontation mit (biblischer und systematischer) Theologie einerseits, mit den Human- und Gesellschaftswissenschaften andererseits arbeiten muß.

Bevor wir fragen, auf welche Weise Haltungen vermittelt werden, wollen wir zur allgemeinen Klärung diesem Verhältnis nachgehen.

ZUR VERMITTLUNG THEOLOGISCHER UND HUMANSOZIALWISSENSCHAFTLICHER AUSSAGEN

Das Problem. Ausgangspunkt unserer Überlegungen ist, daß ständig Begriffe wie Vertrauen, Begegnung/Kommunikation, Identität innerhalb der Religionspädagogik oder der religiösen Sozialisationstheorie einmal im theologischen und daneben wieder im psychologischen Sinn gebraucht werden. Ist das legitim, oder werden dort nicht stillschweigend Begriffsauflösungen betrieben, die nur den Schein suggerieren, daß es sich beide Male um den gleichen Sachverhalt handle?
Die Religionspädagogik hat die durch den Glauben ausgelösten Lernprozesse zu bedenken. Sie gehört damit beiden Dimensionen an, der anthropologisch-erziehungswissenschaftlichen als der Ebene der Lernprozesse, und der theologischen als der Ebene der Selbstreflexion des Glaubens (Nipkow u. a.).
Sowohl der Bezug zur Theologie als auch der zu den Humanwissenschaften ist für sie konstitutiv. War das frühere supranaturale Glaubensverständnis normativ und versetzte die nichttheologischen Wissenschaften in den Rang von Hilfswissenschaften, so ist unser Glaubensverständnis als einer dimensionalen Erweiterung der Erfahrungsmöglichkeit (s. o. S. 20) von Natur kommunikativ und führt zum Dialog mit der allgemeinen Welterfahrung und damit auch zum wissenschaftlichen Dialog.

Die Frage der Vermittelbarkeit. Damit ist ein methodologisches Problem gegeben. Es ist die Frage, wie theologische Aussagen und humanwissenschaftliche Aussagen einander vermittelbar sind, die Frage der „Abbildbarkeit der verschiedenen Perspektiven aufeinander“ und der „Transponierbarkeit der je fachspezifischen Begriffe bzw. Modellvorstellungen“ (Nipkow I, 192). Nipkow spricht vom „interpretativen Vermittlungsmodell“ oder dem „konvergenztheoretischen Weg“ (212). Vor allem ist dabei dem Mißverständnis vorzubeugen, als würden doch nur verschiedene Begriffsebenen oder Sprachspiele assoziativ ineinander verschränkt. Es geht vielmehr um die „Verschränkung empirisch-analytischer und hermeneutisch-kritischer Ansätze“

(Biehl/Kaufmann 159). Ansatzpunkt können also nicht bestimmte Stichworte sein, die in beiden Bereichen vorkommen, sondern konkrete Phänomene als die Schnittpunkte, in die beide methodischen Ansätze eingehen, ohne daß sie sich gegenseitig Gewalt antun. Es ist damit also nicht gesagt, daß Theologie und Humanwissenschaften sich auf einen gemeinsamen methodischen Ansatz einigen müßten, um miteinander sprechen zu können.
Wenn von Phänomenen ausgegangen wird, hat gerade die Theologie das Normenproblem wachzuhalten, umsomehr, als unter Verzicht auf Normativität Theologie zur bloßen Beschreibung gesellschaftlich-funktionaler Zusammenhänge absinken kann. Wenn man früher normative Ansprüche bedenkenloser von vornherein auch in die Humanwissenschaften einbrachte, so darf das berechtigte Bedenken gegen ein solches Vorgehen doch nicht zur grundsätzlichen Beschränkung auf deskriptive Verfahrensweisen führen. Der Gegenstand der Theologie, der Glaube in seiner Selbstreflexion, tritt mit einem Anspruch auf, aus dem man zwar nicht absolut geltende anthropologische Normen ableiten kann, der aber als solcher zunächst einmal ernst zu nehmen ist. Die (aus der Sicht des Christen) in Christus gipfelnde Religionsgeschichte stellt eine Abfolge von Sinnentwürfen dar, deren Auslegung und Anwendung jeweils bestimmte Formen menschlichen Verhaltens begründet und somit einen normativen Anspruch erhebt.

Die „Beweisbarkeit des Glaubens“ (Verifikation und Falsifikation). Ein solches Sinnsystem darf aber nicht Theorie bleiben; der Glaube darf nicht weltfern über der Wirklichkeit schweben. Er legt sich aus in einem bestimmten Daseinsverständnis (wir haben über die Manifestationen des Glaubens gesprochen), dessen empirischer Wahrheitserweis allerdings nicht möglich ist (Albert/Pannenberg). Das heißt, die „Richtigkeit“ oder Wahrheit des in einer Verhaltensform konkreten Glaubens läßt sich empirisch nicht aufweisen. Das ist nicht nur wissenschaftstheoretisch nicht möglich, sondern widerspräche auch dem Sinn von Glauben (Glauben als Vertrauensakt oder Vertrauensstiftung im Gegensatz zum gegenständlichen Erkennen) wie der die jeweilige Wirklichkeit überschreitenden Zielrichtung von Glauben (Glauben als Vorwegnahme einer immer noch ausstehenden, weil immer noch im Prozeß, im Stückwerk begriffenen umfassenden Sinnerfahrung). Wohl aber können bzw. müssen Glaubensaussagen der Falsifikationsprobe ausgesetzt werden (Pannenberg): Sinnentwürfe, die im Bereich

alltäglicher Erfahrung keine integrierende Kraft haben, erweisen sich damit als falsch. Pannenberg geht davon aus, „daß die Wirklichkeit des Glaubens, wenn sie zu behaupten ist, sich als alles bestimmende Wirklichkeit in aller endlichen Wirklichkeit als mitgesetzt erweisen muß" (333). Das ist so zu verstehen, daß jedes einzelne Ereignis, das wir erleben, und jeder Sachverhalt, der uns begegnet, etwas Bestimmtes für uns bedeuten und in dieser Bedeutung auf einen größeren Zusammenhang bezogen sind – der größere Zusammenhang ist aber schließlich in der Sinntotalität verankert, die alles umgreift und die nur im Vorgriff, im Glauben, im Symbol erfahren werden kann.
Theologische Aussagen gelten u. a. dann als „nicht bewährt", „wenn sie nicht einen Bezug auf Wirklichkeit im ganzen haben, der für gegenwärtige Erfahrung einlösbar ist und sich ausweisen läßt an ihrem Verhältnis zum Stand des philosophischen Problembewußtseins" (ebd.).
Ein historisches Beispiel für solches Versagen von Sinnentwürfen bietet der aufklärerische Optimismus, der sich an das Leibnizsche Wort von der „besten aller Welten" anschloß, ein optimistischer Daseinsentwurf, der mit dem Erdbeben von Lissabon 1755 ein jähes Ende fand: Dieser Sinnentwurf wurde durch die erfahrene Wirklichkeit in ihrer Desintegrierbarkeit widerlegt. In der entwicklungsbedingten Abfolge der kindlichen Weltbilder vollzieht sich diese Falsifikationsprobe ständig. Für das Ungeborene ist die Mutter Daseinsgrund schlechthin, und aus dieser Grundgegebenheit entwickelt sich im Kleinkind ein erster, vorbewußter Weltentwurf, in dem die Mutter gewissermaßen die Stelle Gottes einnimmt. Aber dieser Entwurf wird falsifiziert, indem die Mutter sich als nicht allmächtig, nicht allgültig, nicht allgegenwärtig erweist. Gerade durch die Anwendung des Falsifikationsprinzips wird der Prozeß des für die Religiosität konstitutiven Transzendierens in Gang gesetzt bzw. in Gang gehalten. Das magische Denken und damit der wunscherfüllende göttliche Zauberer bedeuten einen frühen Sinnentwurf, der durch die unmittelbar konkrete Erfahrung (das Freudsche Realitätsprinzip) widerlegt wird. Das Vergeltungsprinzip der moralischen Phase und der damit verbundene Gesetzesgott werden (hoffentlich!) durch die vom Heranwachsenden erfahrene Güte und unverdiente Zuwendung ins Unrecht gesetzt.

Sinnerfahrung als Prüfstein. Es ist eine wichtige Aufgabe der (religiösen) Erziehung, die mit solchem Zerbrechen verbundenen Frustrationen durch das Angebot weitergehender Sinnentwürfe überwinden zu helfen bzw. das Erstarren eines Entwurfs zu verhindern und den Prozeß des Transzendierens in Gang zu halten; denn mit dem endgültigen Verzicht auf ein solches letztes Orientierungsschema verzichtet der Mensch auf den integrativen Aspekt seines Menschseins. Andererseits darf es nicht zu letzten Festlegungen kommen. Die Prozeßhaftigkeit des Lebens muß sich auch in der Prozeßhaftigkeit und Offenheit der aufeinander folgenden Sinnentwürfe durchhalten. Paulus deutet diese Offenheit gerade des christlichen Selbstverständnisses an: „Nicht, daß ich es schon ergriffen hätte; ich jage ihm aber nach" (Phil. 3, 12). Fixierung bedeutet Stagnation, Ende, Tod. Die Universalität des Christentums deutet sich gerade darin an, daß es – neben anderen Weltreligionen, aber im Gegensatz zu vielen historisch parallelen religiösen Erscheinungen – die durch zwei Jahrtausende einander folgenden unterschiedlichen Erfahrungen zu integrieren vermochte, indem es die Kraft aufbrachte, ohne Substanzverlust und ohne sich selbst aufzugeben, von falsifizierten Praktiken oder Lehrmeinungen sich unbeschadet zu trennen und über sein jeweiliges Selbstverständnis hinauszugelangen.

Die Falsifikationsprobe besagt also: Sinnentwürfe, die nicht im Bereich der jedermann möglichen Erfahrung eine integrierende Funktion wahrzunehmen vermögen, erweisen sich damit als falsch, als korrekturbedürftig. Denn Sinn beschreibt das Verhältnis des Einzelnen zum Ganzen. Er weist über die konkrete Situation hinaus, totalisiert sie. Das Einzelne gewinnt seinen Sinn nur von der Voraussetzung her, daß das Ganze sinnvoll ist. Die Einzelerfahrung im Leben wird als sinnvoll empfunden, indem sie sich einem Entwurf eingliedern läßt, der diese Erfahrung weit übersteigt, der das Ganze bereits vorausschaut – oder aber indem sie einen neuen Entwurf inauguriert, der durch sie ausgelöst wird und sich in weiteren Erfahrungen bewähren muß. Aber auch der vorausgeschaute Sinn des Ganzen muß sich in umgekehrter Denkrichtung bis ins Einzelne hinein realisieren lassen, wiewohl dieses Einzelne, aus dem Zusammenhang gelöst, als durchaus sinnlos erscheinen kann. Der Gläubige deutet den erlebten Schicksalsschlag vom „Weg" her, den Gott mit ihm geht, und dessen Ziel er im Glauben vorausschaut. Umgekehrt muß der Glaube an das endgültige Heil auch dieses jetzt erfahrene Schicksal als sinnvoll erfahren lassen. Die nur symbolisch erfaßbare Sinnvorwegnahme muß sich also in der

Alltagserfahrung bewähren, indem sie sie zu integrieren und ihr damit Sinn zu verleihen vermag.

Das induktive Verfahren. Unsere Überlegung kann aber nun auch beim entgegengesetzten Ausgangspunkt einsetzen, bei der Verarbeitung empirischer Daten, empirischen Materials in den Humanwissenschaften. Solches Material beginnt nur dann zu „sprechen", wenn sich im konstruktiven Geist des Beobachtenden bestimmte Zusammenhänge herstellen lassen. Wir sprechen dann von Hypothesenbildung, die die Aufbereitung des Materials erst ermöglicht.
Hypothesenbildung aber wird möglich und verstehbar nur auf dem Hintergrund eines vorausgesetzten Sinnhorizonts. Hypothesenbildung ist konstruktiv, und Konstruktivität ist sinnhaft. Jeder Begriff setzt ein Allgemeines voraus, jeder Satz steht in Verweisungszusammenhängen (Heidegger), jede Information ruht auf einem notwendigen Maß von Bekanntem (Redundanz), jede Erklärung bezieht sich auf andere sinnvolle Aussagen, auf ein System von Aussagen und damit auf Ganzheit.
Wir können also sagen: Jede empirisch gewonnene Aussage geht in Deutungszusammenhänge ein, indem sie auf Ganzheit im Rahmen eines Teilsystems aus ist (Teilsystem etwa im Sinn einer bestimmten Fachwissenschaft, eines Erfahrungszweiges), das sich seinerseits aber integrieren lassen muß in die vom Glauben gemeinte Ganzheit schlechthin, die „alles bestimmende Wirklichkeit", wenn anders es über alle Erfahrungszweige hinweg nur die eine Wirklichkeit gibt, in der wir leben, und deren Grund und Ziel wir „Gott" nennen.

Der Schnittpunkt. Damit ist nun der Schnittpunkt zwischen Theologie und Humanwissenschaften sichtbar. Es ist das konkrete Phänomen, an dem empirische Daten durch Deutung Be-Deutung gewinnen und in Erklärungszusammenhänge eingehen, bzw. an dem – von der anderen Seite her – symbolisch gefaßte Sinnsysteme sich bewähren müssen. Dieser Schnittpunkt ist der Ort, wo theologische Aussagen bzw. Glaubensaussagen empirisch konkretisierbar und damit kontrollierbar, wo sie existentiell anwendbar werden, und wo umgekehrt humanwissenschaftliche Aussagen integrierbar und transzendierbar werden. An dieser Stelle sind beide Bereiche und damit auch die induktive und die deduktive Methode aufeinander beziehbar.

Die Vielfalt der Theorien. Vorwegnehmende Aussagen über das Sinnganze müssen, wenn es wirklich Aussagen über das Sinn-Ganze sind, partielle Sinneinheiten oder Systeme integrieren können. Sie müssen damit auch scheinbar gegensätzliche Aussagen integrieren können. Denn partielle Sinneinheiten oder Teilaspekte des Ganzen können, wenn sie einzeln betrachtet werden, durchaus widersprüchig nebeneinander stehen. So tut es einem gesamtphysikalischen Weltbild keinen Abbruch, wenn das Phänomen „Licht" sowohl nach der Wellentheorie als auch nach der Materie-Theorie schlüssig interpretiert werden konnte, auch zu einer Zeit, da noch nicht abzusehen war, daß die Hypothesenbildung zu Modellvorstellungen gelangen würde, in denen der scheinbare Gegensatz tatsächlich auf höherer Ebene aufgehoben ist. Es kommt darauf an, daß die einzelnen Theorie-Entwürfe als Modelle verstanden werden, die bestimmte Phänomene erklären sollen. Unterschiedliche Theorien sind dann daraufhin zu befragen, inwieweit sie bestimmte empirische Erscheinungen zu erklären vermögen. Von daher läßt sich fordern, daß die Religionspädagogik sich nicht einer bestimmten psychologischen Richtung oder psychoanalytischen Schule, nicht einer bestimmten Lerntheorie oder einem soziologischen Modell verschreiben darf, da sie das von ihr zu vertretende Ganzheitsmodell damit gerade einem Teilaspekt der (psychischen oder sozialen) Wirklichkeit ausliefern und somit diesen Teilaspekt ideologisch überhöhen würde. Vielmehr müssen gerade verschiedene, auch gegensätzliche wissenschaftliche Denkansätze in ihren Voraussetzungen und in ihren Ergebnissen auf ihre theologische Bedeutung und Schnittpunktfähigkeit hin befragt werden.

Wechselseitige Kritik. Damit ist zugleich die wechselseitige kritische Funktion angesprochen. Die kritische Funktion der Theologie besteht darin, daß sie die Subsysteme, die sich gegen die Integration sperren, als Abwege oder Holzwege bzw. als Teilverabsolutierungen und damit als Ideologisierungen aufdeckt. Als Anwalt eines ganzheitlichen Menschenbildes richtet sie sich gegen die Vergesellschaftung, gegen die Verkopfung, gegen die Triebverabsolutierung, gegen die Manipulierung des Menschen; als Anwalt einer ganzheitlichen Weltbetrachtung richtet sie sich gegen die Vereinseitigung der Erde als Rohstoffpotential, Vereinseitigung der Tierwelt als Nahrungsquelle usw. Von daher nimmt sie kritisch Stellung zu bestimmten ökologischen, psychologischen, soziologischen Programmen. Auf der anderen Seite muß sich die symbolische Selbstdarstellung des christlichen Glaubens bis in die Empirie hinein konkretisieren lassen. Damit ist nicht nur das schon genannte Falsifikationsproblem gemeint (etwa im Gedanken einer religiös-kindlichen Scheinwelt, die der Realitätserfahrung nicht standhält). In diesem Bezugsrahmen müssen theologische Aussagen sich auch der Kritik durch die Einzelwissenschaften aussetzen, ohne daß diesen damit von vornherein normative Bedeutung eingeräumt würde. Theologische Sätze müssen aber in die Deutungsmodelle der verschiedenen Bezugssysteme umsetzbar sein bzw. darin konkretisiert werden können.

Der Vorwurf des Eklektizismus. Allerdings ist der Vorwurf des Eklektizismus ernst zu nehmen, wenn die Religionspädagogik in ihrer Argumentation scheinbar willkürlich zwischen unterschiedlichen Richtungen, Schulen und Entwürfen der Psychologie oder Soziologie hin- und herspringt und jeweils die Elemente aus dem Kontext löst, die in ihr eigenes Programm passen.
Daher muß vorausgesetzt werden, daß Aussagen nicht nur punktuell aufgenommen werden, sondern daß auch der jeweilige Kontext, die jeweiligen Denkvoraussetzungen kritisch miteinander ins Gespräch gebracht werden.
Unter dieser Voraussetzung ist ein solches auswählendes Verfahren gerechtfertigt, sofern der Modellcharakter erfahrungswissenschaftlich begründeter Interpretationsverfahren berücksichtigt bleibt. Dabei kann es auch bei unterschiedlichen Theorieansätzen zu partieller Dekkungsgleichheit der Modelle kommen: Es bilden sich an bestimmten Phänomenen gewissermaßen Kristallisationspunkte, die von einer Einzelwissenschaft aufgewiesen werden, ohne daß diese eine Aussagegestalt die Fülle des im Phänomen Enthaltenen voll wiederzugeben vermag. So geht das Phänomen „Licht" in durchaus unterschiedliche, wiewohl gleichzeitig berechtigte Interpretationsmodelle ein. Ebenso können bestimmte Lernphänomene sowohl psychoanalytisch als auch lerntheoretisch, sozialisationstheoretisch oder noch anderweitig interpretiert werden, wobei für eine möglichst weitgehende Gesamterfassung des Vorgangs gerade die Zusammenschau der Einzelaussagen (unter Berücksichtigung ihrer jeweiligen Prämissen) notwendig ist. Es geht dabei lediglich um den „Vergleich der Fähigkeit verschiedener Theorien, das vorhandene Beweismaterial zu erklären" (Pannenberg 67f.). Die Religionspädagogik hat sich für die Beziehungen der Ein-

zelaussagen untereinander offen zu halten. Sie wird feststellen, daß das gleiche Phänomen von verschiedenen Theorien her ergänzend, vertiefend, dimensional erweiternd und bereichernd interpretiert werden wird. Denn es ist denkbar, daß kompliziertere Phänomene differenziertere bzw. komplexere Theoriebildung notwendig machen. So läßt sich die Entstehung der Religiosität als anthropologischen Strukturelements am Modell der psychoanalytischen Theoriebildung Freuds aufweisen, während für die Inhalte religiöser Vorstellungen Freud wenig differenzierte Verständnishilfen bietet, wohl aber C. G. Jung durch Aufarbeitung des kulturgeschichtlichen Materials zu einer differenzierteren und damit zugleich hilfreicheren, aber auch theologisch schwieriger abzugrenzenden Theoriebildung gelangt. Wiederum ist die Kernfrage des christlichen Glaubens, die Existenzproblematik von Schuld und Rechtfertigung erst in der Daseinsanalyse voll gewürdigt, was aber bestimmte philosophische Implikationen voraussetzt, die dem theologischen Denken nahestehen. Mit der größeren Nachbarschaft der jeweiligen Denkvoraussetzungen wächst also das Abgrenzungsproblem und die Schwierigkeit der ideologiekritischen Auseinandersetzung, aber auch das Maß des in der Modellvorstellung Erfaßten. Die Phänomene bleiben in dem Maß informationsarm, in dem auf die Ausdifferenzierung des Bezugssystems verzichtet wird: Empirisches Material ohne Sinnsystem ist blind, Sinnsysteme ohne empirische Konkretion bleiben leer. Die je differenziertere Deutung bringt die je schärfer erfaßten Konturen des Phänomens im Rahmen des Deutungskontextes ans Licht. So wächst mit der Präzisierung und Ausdifferenzierung des Bedeutungsgehalts eines Phänomens die Notwendigkeit der kritischen Auseinandersetzung mit den Deutungsprinzipien.

Religiöse Aspekte im Sozialisationsprozeß. Auf diesem Weg der Feststellung von Schnittpunkten zwischen Glaubensaussagen und empirisch begründeten Aussagen lassen sich religiöse Aspekte im Sozialisationsprozeß aufzeigen. Und zwar sind das jeweils Punkte, an denen in einem konkreten, allgemein erfahrbaren Phänomen die induktiv-generalisierende und die deduktiv-konkretisierende Sinndeutung sich überschneiden.

Wir wollen diesen Vorgang am Beispiel des Urvertrauens verdeutlichen. Der Ausgangspunkt unseres Gedankens ist der konkrete Vertrauensakt, die vertrauenstiftende Erfahrung, die das Kind in der Zuwendung der Mutter macht. Durch Wiederholung solcher Akte entsteht eine Verhaltensdisposition, die auf eine vorhandene Haltung von Vertrauen schlechthin schließen läßt. Wir nennen diese aus Einzelakten entstehende Grundhaltung seit Erikson Urvertrauen. Urvertrauen entsteht also durch Generalisierung einer anfänglichen sozialen Erfahrung, durch Verallgemeinerung einer wiederholten Einzelerfahrung. Damit wird aber ein Anspruch erhoben (der Anspruch oder die Erwartung, daß die anfänglich erfahrene Zuwendung keine zufällig individuelle, sondern eine grundsätzliche, ständig erfahrbare ist) – ein Anspruch, der das empirisch Gegebene (die erlebten Akte von Zuwendung und Vertrauensantwort) weit übersteigt und in den gegebenen Fakten nicht mehr abgedeckt ist. Was ist, wenn die Mutter – im Extremfall – stirbt? Andere Bezugspersonen springen ein, aber auch diese könnten enttäuschen.

Peter L. Berger bietet dafür ein schönes Beispiel: Ein Kind erwacht angstvoll und ruft nach der Mutter – die Mutter tröstet das Kind mit den Worten: „Ist ja alles gut" – alles? „Die Welt, der zu trauen dem Kinde anempfohlen wird, ist eben die Welt, in der es sterben wird. Wenn es keine andere Welt geben sollte, so ist die letzte Wahrheit *dieser* Welt, daß sie Mutter und Kind tötet" (Berger 8ff.).

So steht am Ende dieses aus den Einzelerfahrungen sich erhebenden Weges also der ungedeckte Anspruch auf ein ganzheitliches Sinnsystem.

Beispiel Gottvertrauen. Auf der anderen Seite steht das unbedingte Gottvertrauen des Gläubigen. Der Glaube nimmt das ganzheitliche Moment, das Unbedingtheitsmoment voraus, obwohl dies eben, das Ganzheitliche, Unbedingte, in der Erfahrung nicht gegeben ist. Der Glaube lebt im Vorgriff auf die Erfüllung dieses Elements, das im Urvertrauen höchstens als Wunsch oder Utopie mitschwingen kann. Auch der Glaube basiert auf Einzelerfahrungen, von Jesus Christus ausgelösten und in der Gemeinde vermittelten Einzelerfahrungen. Diese Einzelerfahrungen sind durch ihren Offenbarungsanspruch von vornherein legitimiert und qualifiziert, für das Ganze zu stehen. Es geht hierbei also nicht um empirisch begründete induktive Generalisierung des Einzelerlebnisses, sondern um Totalisierung des Einzelerlebnisses kraft eschatologischer Vorwegnahme. Dieses vorausgesetzte Sinnganze qualifiziert dann den einzelnen Vertrauensakt als einen durch Gott berechtigten und erfüllten.

Die kritische Frage lautet, ob nicht illegitimerweise hier eine soziale Erfahrung nachträglich mit dem Begriff Gottvertrauen belegt wird und damit eine unbegründete, willkürliche Qualifizierung erhält. Wir meinen aber, daß zwischen den Begriffen Urvertrauen und Gottvertrauen nicht nur ein assoziativer Gleichklang besteht, sondern daß im Phänomen des Vertrauensaktes eine Überschneidung stattfindet dergestalt, daß „Urvertrauen" die Herkunft und Intention des Aktes, „Gottvertrauen" die Berechtigung und Sinnfülle des Aktes beschreibt. Der Glaube „rechtfertigt" also das Vorhandene, indem er es in die Gottesbeziehung stellt, die Beziehung zur alles bestimmenden Wirklichkeit, von der her das einzelne Wirkliche seine Sinnfülle erhält. Es ist selbstverständlich, daß mit diesen Gedanken kein „Beweis" für die Richtigkeit oder Begründetheit des Gottvertrauens geleistet sein soll, sondern daß lediglich die sachbedingte Verschränkung zweier Deutesysteme im Einzelphänomen aufgewiesen ist. Ein Beweis kann schon deshalb nicht geleistet werden, weil Gottvertrauen nicht anders denkbar ist als „in, mit und unter" der Gestalt sozialen Geschehens, so aber, daß es dieses Geschehen nicht etwa willkürlich mit einem neuen Namen belegt, sondern es von seiner Bedeutungsfülle her zugleich sprengt und in einen neuen Sinnzusammenhang einweist.

Die empirische Einzelerfahrung qualifiziert also den Glaubenssatz als wirklich (die Rede vom Gottvertrauen verwirklicht sich nur dort, wo Vertrauensakte gesetzt werden) – die religiöse Ganzheitserfahrung qualifiziert das empirische Einzelne als wahr, im Sinne der konkreten Anwendung des Rechtfertigungsglaubens: Daß man Gottes Treue voraussetzen kann, rechtfertigt menschliche Vertrauenshaltung angesichts und trotz der Gebrochenheit menschlicher Existenz.

Was sich dann gegen die Rechtfertigung durch den im Glauben ergriffenen Sinnzusammenhang sperrt, ist theologisch illegitim – dies ist das Kriterium für den theologischen Umgang mit den verschiedenen einzelwissenschaftlichen Theorie-Modellen.

Eine solche „Sperre" tritt ein, wo die induktive Theoriebildung selbst ganzheitlich-rechtfertigende Deutung ihrer Phänomene beansprucht, wo sie also weltanschaulichen Charakter annimmt.

Umgekehrt gilt: Was an Glaubensaussagen sich im sozialen Kontext prinzipiell nicht vermitteln läßt, ist praktisch bedeutungslos. Dabei ist allerdings vorausgesetzt, daß bei aller Vermittlung von Glaubensaussagen ein Überschießendes deutlich werden muß – wir sprachen davon, daß der Glaube in die sozialen Lebensformen eingeht, ohne in ihnen aufzugehen.

Wir fassen zusammen: Religionspädagogische Aussagen müssen sich sowohl im Schema des Glaubensverständnisses als auch im Schema empirischer Aussagen rechtfertigen lassen. Es kommt darauf an, Schnittpunkte zu identifizieren, von denen aus sich die Linien nach beiden Seiten hin ausziehen lassen. So ist der Vertrauensakt im Urvertrauen empirisch begründet und im Gottvertrauen erfüllt. So ist der Gesprächsakt empirisch in der dialogischen Struktur des Menschseins begründet und im Gebet erfüllt. So verweist das Zufallserlebnis auf menschliche Bedingtheit einerseits, auf Schöpfung und Vorsehung andererseits. So ist die Offenheit der jeweiligen Situation ein Ausdruck der mangelnden Instinktsteurung des Menschen einerseits, der Verheißung andererseits usw.

DIE RELIGIÖSE ERFAHRUNG

Im Gegensatz zum primär kognitiven Gedächtnislernen verstehen wir heute Lernen als ganzheitliches Lernen, affektiv bestimmtes Lernen, Lernen durch Tun, Lernen im sozialen Kontext, Lernen mittels Erfahrung.

Religiöse Erfahrung. Unser Augenmerk richtet sich zunächst auf den Begriff der Erfahrung: Wie ist religiöse Erfahrung heute vorstellbar, und wie ist sie vermittelbar?

Auf den ersten Blick scheint es doch so, daß religiöse Erfahrung heute kaum mehr zu gewinnen ist. Mystische Erfahrungen bleiben nur wenigen vorbehalten. Die Welt ist so „weltlich" geworden, daß der Mensch überall nur noch auf sich selbst (wie Heisenberg sagt), aber nirgends auf Gott stößt (dabei muß man nicht unbedingt an den einfältigen Ausspruch des sowjetischen Astronauten Gagarin denken, sondern kann das Problem durchaus tiefer empfinden).

Dem steht P. Tillichs vielzitiertes Wort gegenüber vom „Ergriffensein von dem, was mich unbedingt angeht". Diese Erfahrung macht jeder Mensch zu allen Zeiten, daß er ergriffen ist von einer Person, einer Sache, einer Idee oder einem Wert, die für ihn persönlich „unbedingt" sind. Man hat dieses Unbedingte früher ständig dingfest zu machen gesucht, etwa in der Erfahrung des „Numinosen" (des Unheimlichen, des Wunderbaren, des Faszinierenden, wie es R. Otto nennt) oder in den „Grenzerfahrungen", die immer wieder neu inhaltlich ausgedeutet wurden (s. o. S. 26f.). Nun sind die Erfahrungen der menschlichen Grenzen ständig hinausgeschoben worden, immer mehr ist machbar geworden und in die Verfügung des Menschen übergegangen. Mit H. v. Hentig könnte man dem freilich entgegenhalten, daß die Flanken zum Irrationalen offener und länger werden, je mehr wir in der Rationalität fortschreiten. Insofern bleibt Tillichs Formulierung von der Erfahrung eines „unbedingt Angehenden" in einem allgemeinen Sinn in Geltung. Damit ist aber noch nichts spezifisch Christliches ausgesagt.

Die christliche Erfahrung. Tillich selbst sieht das eigentlich Christliche in dem, was er das „protestantische Prinzip“ nennt, das von Gott gesetzte Korrektiv der allgemeinmenschlichen Grunderfahrung. Damit verweist Tillich auf die christliche Tradition. Der christliche Glaube beruht auf einer unverfügbaren Gottesbegegnung, auf einer spontanen, unvermittelten Erfahrung. Er ist ein Ursprungserlebnis oder Schlüsselerlebnis, das kraft seiner Authentizität Formen hervorruft, indem es gegebenenfalls die bisher bestehenden Formen sprengt. Von daher läßt sich die Spannung zwischen humanreligiöser und christlicher Erfahrung weiter verdeutlichen. Das Human-Religiöse betrifft eine grundsätzlich menschliche Erfahrungsmöglichkeit. Das spezifisch Christliche dagegen ist nicht vermittelbar, es sei denn so, daß dem Humanum die Rechtfertigung zugesprochen wird – daß es in den durch die christliche Botschaft vermittelten Deutungszusammenhang hineingenommen und damit neu qualifiziert wird. Auf dem Hintergrund dieser Deutungsgeschichte ist dann das, was wir heute als human-religiös bezeichnen, immer schon eine christliche oder nachchristliche Erscheinung. Es ist daher eine unrealistische Konstruktion, innerhalb unseres Kulturbereiches natürliche Religiosität von Christlichkeit grundsätzlich scheiden zu wollen, wenngleich der Radius des Ausstrahlungskreises vom Zentrum bis zur Peripherie der Auswirkung hin unterschiedlich lang und damit unterschiedlich störanfällig ist.

Von diesen Voraussetzungen aus erscheint es als möglich, den Eltern bzw. der Gesellschaft überhaupt die Unabdingbarkeit religiöser Erziehung klarzumachen. Denn jeder Sozialisationsprozeß hat eine religiöse Dimension, indem ihm vorbewußte oder doch vorkognitive Wertentscheidungen (Deutungsmuster) zugrundeliegen, die auf vorgegebenen Schlüsselerlebnissen beruhen. Und es erscheint weiter als möglich, daß – ungeachtet kirchlicher Interessen – religiöse Erziehung innerhalb unseres Kulturkreises immer als christlich-religiöse Erziehung verstanden werden muß, weil religiöse Erlebnisse im Abendland immer in einem von der Wirkungsgeschichte des Christentums bestimmten Deutungszusammenhang stehen.

Erfahrung aus erster und zweiter Hand. Daß Glauben einen Lernprozeß in Gang setzt, haben wir früher erörtert. Dieses Lernen ist also Erfahrungslernen im unmittelbaren Sinn. Das Ursprungserlebnis manifestiert sich aber nun in Lebensformen und Glaubenssymbolen, die von den Gläubigen als Offenbarung bezeichnet werden, gleichwohl aber an der Zweideutigkeit der Inkarnation teilnehmen (s. o. S. 24). „Texte, Verhaltensmuster, Institutionen sind selbst Ausdruck und ‚Folge' weniger fundamentaler Schlüsselerfahrungen, die allerdings nur in ihren Konkretionen nachvollziehbar und zugänglich sind. Immer wieder ist versucht worden, diese elementaren Erfahrungen und die ihnen zugehörigen Einsichten in Kurzformeln des Glaubens, in Schlüsselbegriffen und -symbolen zu fassen und damit ein ‚Medium' zu finden, das sowohl eigene Erfahrungen zu deuten als auch Überlieferung auf ihre leitenden Intentionen hin auszulegen erlaubt . . . " (Biehl/Kaufmann 158).

Damit ist eine Unterscheidung in der Offenbarungsqualität von Glaubenserfahrungen getroffen, die aber der allgemein zugänglichen Erfahrung entspricht: Es ist doch eben nicht zu leugnen, daß die religiöse Erfahrung des Durchschnittschristen sich nicht vergleichen läßt mit der Erfahrung der alttestamentlichen Erzväter, der Jünger, Propheten oder auch nur im eigentlichen Sinn Bekehrten. Die Mehrzahl der Menschen lebt jeweils im „Nachvollzug" der Schlüsselerfahrung anderer in den von diesen gesetzten Vorstellungen und Lebensformen, bis eines Tages durch neue Schlüsselerfahrungen neue konkrete Formen und Vorstellungen gesetzt werden. Die Religionsgeschichte bietet für diesen Vorgang eine Fülle von Beispielen ebenso wie die innerbiblische Traditionsgeschichte oder dann auch die Wirkungsgeschichte des Christentums. Gewiß vermag der Einzelne „in, mit und unter" diesen Formen, im Gebet etwa, im Sakrament, in der Deutung seines Schicksals durch ein Bibelwort persönliche Gotteserfahrung zu gewinnen, aber eben ohne daß diese Erfahrung damit verfügbar und übertragbar würde.

Ein Beispiel. Eine Schlüsselerfahrung also bedeutet einen nicht ableitbaren Sinnzuspruch, den der Mensch erfährt. Diese Erfahrung schlägt sich sowohl im Verhalten nieder, das Nachfolger findet, und in Vorstellungen, die lehrbar sind. So beginnt der Glaube sich in seine Wirkungsgeschichte hinein auszulegen. Es entstehen Handlungsmodelle, Wertungen, Motivationen (Haltungen). Und es entstehen Sinndeutungsmodelle, die die in den Sozialisationsprozeß eingegangenen und daher immer zweideutigen Haltungen auf ihren Ursprungszusammenhang hin zurückbeziehen, deuten und kritisch hinterfragen. Wir wollen uns das an der Jüngergemeinschaft verdeutlichen: Auf der einen Seite steht das Erlebnis der Jünger, daß Jesus einen Anspruch auf Autorität erhebt, die über die Autorität des Mose hinausgeht. Auf der anderen Seite steht die Deutung dieser Erfahrung, die sich des in der eigenen religiösen Sozialisation erworbenen Deutungsmusters bedient (die Jünger hatten als Juden eine Vorstellung von der Messiaserwartung von Kind auf mitbekommen). Aus beiden Elementen konstituiert sich das Bekenntnis: Jesus ist der Messias, der Christus.

Erlebnis und Deutung geben Erfahrung. Die Erfahrung entsteht also durch die Integration eines Erlebnisses in einen Deutungszusammenhang, der selbst dadurch bestätigt oder verändert werden mag.
Woher wird aber der Deutungszusammenhang gewonnen? Wird damit nicht doch eine übernatürliche Norm als fixierbare Größe eingeführt?
Keineswegs, denn auch die Deutung unterliegt der Mißverständlichkeit. Jesus hat die Mosetradition anders gedeutet als seine Zeitgenossen; die Jünger haben Jesus anders gedeutet als die Mehrzahl ihrer Zeitgenossen. Es kann kein objektives und damit jedermann überzeugendes Deutungsmodell geben. Daher werden in Kirche und Theologie immer kontroverse Meinungen nebeneinander stehen und nebeneinander stehen müssen.
Das einzig mögliche Kriterium für die Deutung liegt im geschichtlichen Rückgriff. Denn das Deutesystem ist jeweils Folgeerscheinung früherer Erfahrung, und diese vorangegangene Erfahrung ist nichts anderes als ihrerseits gedeutetes Erlebnis.
Es hat keinen Sinn, nach dem Anfang dieses Prozesses zu fragen. Die Voraussetzungen liegen in der Fähigkeit, mittels der Sprache Vorgänge symbolisch nachzubilden und mittels der Speicherkraft des Gedächtnisses jederzeit gegenwärtig zu haben. Dadurch vermögen Menschen das, was ihnen geschieht, immer schon zu deuten, d. h. in einen größeren Zusammenhang zu stellen. Dieser geistige Zusammenhang ist ein jeweils schon erworbener, der auf früher verarbeitetem Erlebnismaterial beruht. In der Verarbeitung selbst entwickeln sich allmählich die Verarbeitungskriterien. So wird durch neue Erlebnisse das Deutungssystem differenzierter und die Erfahrung tiefer. Es ist die Spannung zwischen Kontinuität und Wandlung, auf die wir hier stoßen. Die neue Deutung basiert immer auf früher Erlebtem – insofern müssen auch moderne Glaubensaussagen ihre Kontinuität mit der Ursprungstradition des christlichen Glaubens aufweisen können. Aber

die ständig neuen Erlebnisimpulse fordern eben den vielzitierten Lernprozeß, die ständige Wandlungsfähigkeit der Deutung, die einen bloßen Glaubenstraditionalismus als geschichtlich tot erscheinen läßt.

Situation und Tradition. Im didaktischen Sinn sprechen wir dabei von Situation und Tradition: Jeweils in der neuen Situation, der Erziehungssituation oder der Lebenssituation überhaupt, hat sich die Tradition als das überlieferte Deutungsmuster zu bewähren. Im Prozeß des Lebensvollzugs verläuft diese Begegnung so, daß die Situation neu gewertet, gedeutet, in den bisherigen Lebenszusammenhang integriert und damit verändert wird. Andererseits wird die Tradition als das bestehende Deutungsmuster von der neuen Situation weiter differenziert, korrigiert, bereichert oder abgewandelt.
Der Ansatz der Religionspädagogik bei der Situation meint eben dies, daß Deutungsmuster nicht als toter Stoff tradiert werden sollen, sondern daß sie unter dem Eindruck des jeweils neuen und einmaligen Erlebnismaterials zu einer jeweils neuen Anwendung, Entfaltung und Erweiterung geraten. Es ist deshalb ein Mißverständnis des situativen Ansatzes, auf ein bestimmtes Stichwort als gegebenen Anlaß zu warten, um dann Tradition „an den Mann bzw. an das Kind" zu bringen. Es ist ein ebenso großes Mißverständnis, wenn die Zufälligkeit und Begrenztheit konkreter Situationen zum ausschließlichen Maßstab für die Tradition gemacht wird. Der situative Ansatz ist erst dann gewahrt, wenn eine echte Wechselbeziehung zwischen Situation und Tradition entsteht.

Keine neue Offenbarung, aber neue religiöse Erfahrung. Denn diese Begegnung zwischen Situation und Tradition, zwischen Erlebnis und Deutung ist jeweils neu und einmalig. Das heißt nicht, daß es sich um jeweils neue Offenbarung handelt, wohl aber um jeweils neue religiöse Erfahrung. Während der Offenbarungsanspruch sich auf die Ursprungs- oder Schlüsselerlebnisse und ihre Deutung beschränkt, geht es hier um Eigenerfahrung, die im Rahmen der vom Schlüsselerlebnis gesetzten Formen verläuft.

Beispiel Jeremia. Deutlich beschreibt der Prophet Jeremia diesen Vorgang (Jer 18, 1–12). Am Beginn seiner Schilderung steht ein Handlungselement – er besucht quasi aus Zufall eine Töpferwerkstatt. In dieser Werkstatt wird ihm ein Erlebnis zuteil: Er sieht, wie der Töpfer Stücke, die ihm mißraten sind, zerschlägt. Dieses Erlebnis erfährt durch den psychischen Kontext Jeremias, durch das in ihm gegenwärtige Deuteschema (sein Gottesbild, sein religiöses Vorverständnis), eine spontane Prägung, es führt zu einer tiefgreifenden Einsicht: Wie der Töpfer, so kann Gott mit seinen Geschöpfen handeln. Nun tritt, nachträglich, das kognitive Moment auf, die Reflexion, die die im konkreten Erleben gewonnene Einsicht aufgrund der bisherigen Glaubensvorstellungen ausdeutet und damit zum Prophetenspruch führt. Dabei wird nicht nur der Inhalt des Erlebnisses, sondern der Erlebnisvorgang selbst von der Reflexion thematisiert: Es wird Jeremia nunmehr klar, daß er keineswegs zufällig zum Töpfer gekommen ist, sondern durch den Geist Gottes dahin getrieben oder geführt wurde – der Deutungszusammenhang stellt sich wieder her. Im Grunde schildert Jeremia ein Erlebnis, das jedem zuteil werden kann, das aber erst durch das aus früheren Erlebnissen hervorgegangene Deuteschema im Sinn einer religiösen Erfahrung qualifiziert wird.

Der Deutungszusammenhang. Damit ist der Deutungszusammenhang als wesentlich erkannt. Von dieser Erkenntnis her tritt eine Frage in neues Licht, die heute viel diskutiert wird. Es ist die Frage, ob die religiöse Erziehung mit der Gottesvorstellung oder aber mit der Gestalt Jesu einsetzen sollte. In didaktischer Konkretisierung heißt das, ob man von vornherein auch alttestamentliche Texte heranziehen soll, oder ob die biblische Information des Kindes sich zunächst auf Jesusgeschichten zu beschränken hat. Für letzteres spricht die Tatsache, daß „Gott“ kein selbständiger Vorstellungsinhalt der heranwachsenden Generation mehr ist; daß aber Jesus der Mitmensch einen verstehbaren und akzeptierbaren Anknüpfungspunkt auch für den modernen Menschen bietet. Man kann noch weitergehen und sagen, daß „Gott“ einem mythologischen Denken angehört, dessen Zeit überholt sei, daß Gestalt und Verkündigung Jesu aber einen zeitlos gültigen Anspruch erheben. Damit ist die Gefahr der Verkürzung gegeben, wenn nämlich davon ausgegangen wird, daß Jesus der Mensch, der Bruder, dem Menschen näherstehe und dem Kind leichter direkt vermittelbar sei. Jesus ohne Gott bleibt leicht Sozialreformer. Das Jesus-Erlebnis tritt immer in ein schon vorhandenes Deutemuster ein. Wenn die natürliche (und eben darin rechtfertigungsbedürftige, aber als solche für die von Jesus gebrachte und vollzogene Rechtfertigung konstitutives Element) Religion, also die irgendwie geartete Gottesvorstellung als

Deutemuster fehlt, wird ein anderes, u. U. weniger sachgemäßes an die Stelle treten. Die Gefahr ist nicht zu übersehen, daß gerade ein zeitgemäßer moderner und damit durchaus ansprechender Religionsunterricht weithin sich in Sozialethik aufzulösen droht (s. o. S. 22f.). Nun darf aber, und damit sind wir bei unserem Thema, nicht übersehen werden, daß das Jesus-Erlebnis bei den Jüngern auf bestimmte schon vorhandene religiöse Vorstellungen (also ein Deutungsmodell) stößt, daß sie das Neu-Erfahrene im Rahmen dessen deuten, was sie schon früher erfahren oder als Erfahrung anderer übernommen haben. Gewiß werden die vorhandenen Vorstellungen durch die neuen Erfahrungen korrigiert (die alttestamentliche Gottesvorstellung wird durch die Verkündigung Jesu weit überholt), sie bilden aber zunächst die Grundlage für den Glauben der Jünger; sie bilden die Grundlage für die Fähigkeit der Jünger, das Jesus-Geschehen überhaupt verstehen und damit auch in ihren Vorstellungshorizont integrieren zu können: Du bist der Christus, der Erwartete – was der alten Väter Schar höchster Wunsch und Sehnen war, und was sie geprophezeit, ist erfüllt in Herrlichkeit!
Zu welchen Entscheidungen im didaktisch-methodischen Bereich man also kommen mag – theologisch darf nicht vergessen werden, daß Jesus Gott voraussetzt, daß der Anspruch Jesu unverständlich ist ohne den Vater, der ihn autorisiert, daß das Neue Testament ohne das Alte Testament und seinen religionsgeschichtlichen Umkreis undenkbar ist.

DIE VERMITTLUNG VON HALTUNGEN IM SINNE DES CHRISTLICHEN SELBSTVERSTÄNDNISSES

Zusammenfassung des Bisherigen. Wir haben bisher davon gesprochen, daß religiöse Erziehung im Aufbau religiöser Haltungen besteht und daß eine christliche Erziehung die aus dem Wirkungsfeld des christlichen Glaubens sich herleitenden Haltungen anstrebt.
Wir haben diese spezifisch christlichen Haltungen aus dem biblisch-theologischen Menschenbild abzuleiten gesucht. Wir haben gesagt, daß sie als psychische Erscheinungen zweideutig sind und deshalb darauf angewiesen bleiben, reflektierend auf das Symbolsystem der christlichen Glaubensinhalte zurückbezogen zu werden.
Jetzt geht es um die Frage, wie der Aufbau der so definierten Haltungen verläuft.
Haltungen erwachsen aus wiederholten Erfahrungen. In unserem Fall sind das natürlich nicht die Schlüsselerfahrungen, sondern die Folgeerfahrungen, die gegenwärtigen Lebensformen des Glaubens. Sie werden eingeübt (trainiert), indem das Kind in seinem Handeln, Fühlen und Denken auf diese Erfahrungen reagiert und in diesen Reaktionen verstärkt wird. Es kommt nun darauf an, das Kind solche Erfahrungen machen zu lassen und entsprechende Reaktionen an Bezugspersonen mitvollziehen zu lassen, die in die Richtung christlicher Haltungen zielen. Die Erfahrung entsteht aus gedeuteten Erlebnissen.

Erlebnisse erschließen im sozialen Bereich. Wir haben also Erlebnisse zu erschließen, in denen sich Geborgenheit, Selbstkritik, Mitmenschlichkeit, Hoffnung usw. vermitteln. Die ersten und grundlegenden Erlebnisse hat der Mensch im sozialen Bezug zur Mutter und zu allen, die später an die Stelle der Mutter treten, ob als Einzelne oder als Gruppe. Sich angenommen wissen, sich geliebt wissen, sich ernst genommen wissen, vertrauen können, sich hingeben können – alle diese Haltungen weisen in die Erlebnissphäre der frühesten Kindheit, die den Grund legt für die weitere Welt- und Lebenserfahrung. K. Tilmann geht noch weiter: „Alle religiösen Erfahrungen setzen menschliche Erfahrungen voraus. Der Schöpfer hat dafür gesorgt, daß jeder

Mensch am Anfang seines Daseins, vor der Geburt, elementare Erfahrungen macht, die tief in sein Wesen eingehen und ihn nie ganz verlassen können, die Erfahrungen, aufgehoben, gesichert, versorgt, geborgen zu sein, eine Daseinserfahrung, aus der im Menschen Sicherheit, Sich-Überlassen, Urvertrauen erwächst“ (Tilmann 135 f.).
Das Kind deutet spätere Erlebnisse jeweils im Sinne der früheren und gewinnt somit einen ersten Schatz von Erfahrungen, einen Erfahrungshorizont, ein erstes Weltbild. Diese soziale Erfahrung ist die Grundlage alles weiteren. Nun sind die Erfahrungen des Kindes nicht unbedingt mit dem biblischen Menschenverständnis auf einen Nenner zu bringen. Das Kind hat unter Umständen nicht genügend Zuwendung empfangen, es fühlt sich nicht angenommen, es steht unter Leistungsdruck, wird ausgelacht, wird mit Spottnamen gerufen. Erzieherin, Lehrer, Konfirmator – wer immer, im Grunde jeder Mensch jedem anderen gegenüber – sind aufgerufen, den anderen entsprechende Erlebnisse machen zu lassen, um seine frühkindlichen Erfahrungen zu verstärken oder zu korrigieren. Die Haltung der Bezugsperson ist es, die hier auf die Haltung des anderen Einfluß nimmt. Die Familie hat den Grund gelegt, andere setzen fort, erweitern, berichtigen, ergänzen.
Gewiß ist die Möglichkeit der berufsmäßigen Erzieher beschränkt, sich jedem Einzelnen der ihnen Anvertrauten in vollem Maß zuzuwenden. Außerdem bleiben solche Erfahrungen für das Kind oder den Jugendlichen oft punktuell und gehen in der überwiegenden Fülle entgegengesetzter Erfahrungen unter. Der Erzieher wird sich dann vielleicht über seine unmittelbare Verpflichtung hinaus um die sozialen Lebensverhältnisse der ihm Anvertrauten auch außerhalb des Kindergartens/der Schule bemühen müssen, er wird zwischen Kindern Beziehungen, Freundschaften stiften, Elternarbeit betreiben und gelegentlich mit dem Sozialamt zusammenwirken müssen.

Für andere da sein. Der genannte Erlebnisbereich wird aber von Anbeginn durch den zweiten ergänzt, in dem der Eigenanteil an den sozialen Beziehungen zum Erlebnis wird: „Das Kind muß aber auch erfahren – und hier kann die Erstunterweisung außerhalb der Familie ansetzen – wie es ist, wenn man für andere offen ist; wenn man still ist und wahrhaft hinhört, achtungsvoll auf andere schaut, für andere etwas tut, und wie das schön, bereichernd und erfüllend ist“ (Tilmann a. a. O.). Dabei ist es wichtig, daß solche Elemente nicht in der momen-

tanen Erlebnishaftigkeit verbleiben, sondern zu befriedigenden Grunderfahrungen werden. Man kann das mit lernpsychologischen Begriffen ausdrücken: Das Erlebnis eines durch Anerkennung verstärkten Tuns wird durch Wiederholung zu einer Grunderfahrung; die zunächst von der Bezugsperson empfangene Verstärkung wird verinnerlicht zur Freude am entsprechenden Tun.
Wenn religiöse Erfahrung in dem beruht, „was uns unbedingt angeht“, dann besteht sie in der Welt der zwischenmenschlichen Beziehungen im unbedingten Betroffensein. Das Schicksal eines anderen kann mich so betroffen machen, und dieses Schicksal kann zu mir sprechen in den Worten des anderen, aber auch bereits in seiner Stimme, seiner Miene, seiner Haltung, seinen Händen usw. Der Oberflächlichkeit und Ichbezogenheit unseres Durchschnittsempfindens entgegen müssen wir das Kind in diesem Bereich erlebnisfähig machen, müssen es sensibilisieren für den anderen, der an uns vorbeigeht, der neben uns sitzt, der unter uns wohnt, mit uns arbeitet usw.

Selbst- und Welterlebnisse. Dabei bleibt es nicht; das Kind entdeckt sich selbst und die Welt – das Kleinkind greift nach der Klapper – es entdeckt die Klapper, und es entdeckt damit zugleich seine Fähigkeit, Gegenstände zu greifen. Beide, Selbst und Welt, werden durch die Bezugspersonen vermittelt. Nun sind aber unsere Kinder heute „erlebnis- und erfahrungsarm, weil sie gar nicht oder viel zu wenig auf der Bild-Erlebnisebene angesprochen werden“. „Für unsere Stadtkinder, die oft schon am frühen Morgen aus einer hektischen Atmosphäre in Kindergarten und Schule kommen, müssen wir ganz einfache kleine meditative Übungen erfinden, damit ihre Schaukraft erweckt, ihre innere Hörfähigkeit gestärkt, ihre Fühlorgane sensibel und empfänglich werden. Nur so werden sie fähig, Erfahrungen zu machen. Denn häufig sind ihre Gefühle viel zu früh unterdrückt oder ‚wegerklärt‘ worden. Die archetypischen Bilder ihrer Seele sind von einer inflationären Flut oberflächlicher Bilder überschwemmt. Manchmal bekommen sie zwar genügend Anregung für ihre rationale Entwicklung – aber in den archetypischen Bild-Bereichen, wo die menschliche Seele atmet und alle Erfahrung wurzelt, bleiben sie unerweckt und ungestillt“ (Betz 25). Es ist ganz offensichtlich, daß wir als Erwachsene heute durch sensitivity training, Spieltherapie, Verhaltenstherapie bestimmte unterbelichtete, verdrängte Erlebnisebenen wiederzugewinnen suchen, daß gerade im Konkreten, im Sinnenhaften bis hin zum Verhältnis zwischen den Geschlechtern und zur eigenen Körperlichkeit große Defizite bestehen. Der Gott der Bibel vermittelt sich aber im Konkreten (Gott ist im Detail!), die Vollmacht Jesu wird in sinnenhaften Wundern dokumentiert, und die Sakramentslehre bezeugt um ein Weiteres, daß Gott sich vom Glaubenden „schmecken" läßt („Schmecket und sehet, wie freundlich der Herr ist!" Ps. 34, 9).

Erlebnisse mit den eigenen Sinnen. Felicitas Betz weist auf die Notwendigkeit hin, Kinder immer wieder zu ermuntern: Schau mal! Schmeck mal! Horch mal! Riech mal! Fühl mal! Da werden Impulse gegeben, die zur Umstrukturierung, zum Neu-ansichtig-werden von längst Bekanntem führen – das gilt für Erwachsene ebenso wie für Kinder. Erlebnisse mit den eigenen Sinnen, mit den eigenen Fähigkeiten oder auch mit den eigenen Grenzen, und mit den Dingen, die uns umgeben, führen zu Erfahrungen, die sich dann zur Haltung des Staunens, der Ehrfurcht, der Freude, der Dankbarkeit verdichten können. Und schließlich: „Wer zum Staunen erzieht, weckt zugleich die überaus wichtige Fähigkeit, die sichtbare Seite der Welt zu transzendieren" (Tilmann).
Das Schauen, Schmecken, Riechen bezieht sich auf die Welt der Gegenstände. Unser Denken heute und damit unsere Erlebnisfähigkeit sind stark von den Naturwissenschaften geprägt und auf Analyse der Dinge gerichtet. Im Ausgleich zu dieser herrschenden Tendenz muß die religiöse Erziehung auf Erlebnisfähigkeit zielen, die die Dinge als Ganzheit wahrnehmen läßt, denn als Ganzheitssymbole weisen sie über sich hinaus in Richtung auf die „alles bestimmende Wirklichkeit". Die Gestalt (Ganzheit drückt sich in Gestalt, in Ordnung, in Gliederung aus) eines Apfels, einer Blume, eines gedeckten Tisches, einer Landschaft, einer Architektur, läßt etwas von Vollkommenheit ahnen, von Heil – in der Sprache des Kindes bedeutet Heilsein zugleich Ganzsein, Gesundsein, Vollkommensein. Die alltäglichen Dinge, die uns umgeben, können zum Erlebnis werden, das Ehrfurcht, Demut, Staunen, Dankbarkeit, Bescheidenheit, Umweltverantwortung usw. zu begründen vermag, vorausgesetzt, daß der Mensch sie in der entsprechenden Blickrichtung zu betrachten gelernt und geübt hat.

Die Vermittlung: Anschauung. Das Erschließen von Erlebnissen bewegt sich in einer Fülle methodischer Möglichkeiten. Zunächst ist es die einfache Anschauung der Umwelt, die durch bloße Hinweise wie „Sieh mal“, „Hör mal“ zum Sprechen gebracht werden kann. Auch darin drückt sich, wie in allen Lebensvollzügen, die Haltung der Bezugsperson selbst aus: Sie muß mit ihrem Beispiel vorangehen, denn das Kind lernt in erster Linie durch Mitvollzug, vor allem dann, wenn es sich aufgrund einer gefühlsmäßigen Basis mit der Bezugsperson zu identifizieren vermag. So prägt der eigene Lebensstil des Erziehers sehr stark den Geist der Gruppe, die Atmosphäre des Hauses, der Institution. Es ist uns gerade auch durch statistische Untersuchungen oft genug verdeutlicht worden, wie stark die „Sache“ durch denjenigen auf andere wirkt, der sie vertritt, und für viele Erwachsene ist ihre eigene Glaubenshaltung lebenslänglich mit der Person verbunden, die sie ihnen vermittelt hat, sei das der Vater, die Großmutter, der Konfirmator oder wer immer, ihrem Reden, ihrem Verhalten, ihrem Lebensstil.

Lebensformen. Der Lebensstil des Menschen drückt sich in bestimmten Ritualisierungen aus. Wir entwickeln – je nach Tradition, Gruppenzugehörigkeit und eigenem Geschmack – unsere Tischsitten, unsere Begrüßungs- und Verabschiedungsformen, unsere Aufsteh- und Zubettgeh-Rituale, aber auch den Umgang mit Dingen und Geräten, etwa das Aufräumen von Weggelegtem, das Suchen von Verlorenem usw. Es sind notwendige Formen, in denen sich Einstellungen ausdrücken, die in ihrer gleichbleibenden Gestalt Verläßlichkeit und Verhaltenssicherheit bedeuten und von daher prägende Kraft besitzen, allerdings auch zu Erstarrungen neigen.
Rituale können das Verhalten auf tote, nicht mehr verstandene Tradition festlegen. Recht verstanden aber haben sie dynamischen Charakter, indem sie einen größeren Zusammenhang repräsentieren und über sich hinausweisen. Kinder entwickeln rasch von selbst Rituale aus dem Bedürfnis nach Sicherheit, und sie verinnerlichen durch den ständig wiederholten Vollzug die entsprechenden Haltungen. Sie müssen aber zugleich darin geübt werden, frei und schöpferisch mit dergleichen Verhaltensformen umzugehen.

Umgang mit Ritualen. Freier Umgang bedeutet aber nicht Willkür. Das gemeinsame Mahl ist Beispiel für einen Komplex von Verhaltenselementen, in denen sich spielerische Freiheit und stabilisierende Form zu einer Erfahrung verdichten, die sowohl soziale Elemente enthält als aber auch symbolische Elemente, die weit über das sich vollziehende Geschehen hinausweisen (in der Bibel ist das gemeinsame Mahl ein Bild für die Gemeinschaft mit Gott, im alttestamentlichen Passahmahl, im Abendmahl Jesu, im endzeitlichen Freudenmahl). Das gemeinsame Essen gibt die Möglichkeit, bestimmte Haltungen auszudrücken und durch die Wiederholung einzuüben. Man sollte daher z. B. im Kindergarten die Gestaltung des Frühstücks nicht dem Zufall überlassen. Sitten und Brauchtum im Jahresablauf, die Vorbereitung von Nikolaus, Weihnachten, Ostern, Erntedank, die Vorbereitung eines Geburtstages oder Jubiläums sind Chancen, durch Mitbeteiligung der Kinder am Handeln der Erwachsenen etwas von der „Sache" zu übertragen, die da „verhandelt" wird. Im Handeln werden nicht nur Gefühle abreagiert, sondern zugleich mit bestimmten Inhalten verbunden. Die Weihnachtsvorbereitung etwa drückt entweder eine gelöst-heitere, im Schenken und Sich-beschenken-lassen sich symbolisierende, oder aber eine gehetzt-streßhafte und damit leistungsorientierte Grundhaltung aus; es ist deutlich, daß die erstere den Sinn von Weihnachten als der unverdienten Gnadenzuwendung Gottes umschreibt, auch wenn dabei zunächst noch auf jeden erklärenden Hinweis verzichtet würde. So ist der Inhalt des Weihnachtspakets transparent für die Liebe der Eltern, die die Dinge geschickt haben (Tilmann), auch wenn der begleitende Brief noch gar nicht gelesen ist.

Spiel. Die Hauptaktivität des Kindes liegt im Spielen. Das Spiel hat somit beim Aufbau von Haltungen eine hervorragende Bedeutung. Dieser Erkenntnis verdankt sich das heute verbreitete vielfältige didaktische Spielmaterial (wobei gelegentlich zu fragen wäre, ob didaktisch straff geplantes Material das, was „Spiel" ursprünglich meint, überhaupt noch ermöglicht).
Daneben wird das Spiel heute vor allem in Gestalt des Rollenspiels vielfältig im Rahmen der Sozialpädagogik eingesetzt. Alles das hat seine Berechtigung. In der religiösen Erziehung geht es aber um etwas noch anderes – nicht so sehr um die Erfahrung mit Dingen oder mit dem Mitmenschen, sondern um die Selbst- und Ganzheitserfahrung anhand der Dinge oder des Mitmenschen – womit dann allerdings die Anderen wie die Dinge in ein neues Licht treten. Es sind symbolische Spiele, die hier gemeint sind, Spiele, die an Archetypisches rühren: Reigenspiele (der Reigen verkörpert das in sich Geschlossene, das Ganze – „Ich bin das A oder O, der Anfang und das Ende"), Ballspiele

(der Ball ist ein Symbol der Welt, man denke an die goldene Kugel oder den Reichsapfel in der Hand von Herrschern oder in der Hand des Christus Pantokrator). Es geht um menschliche Grundsituationen wie sie in Abzählreimen, Blindekuh, Katz und Maus sich darstellen (Verantwortung übernehmen müssen, heraustreten müssen – „Du bist der Mann", „Folge mir nach"). Es gibt eine Fülle verbreiteter Spiele, hinter denen sich affektive Erfahrungen wie „Verblendetsein", „auf Erlösung warten", „im Dunkel tappen", „sich im Kreise drehen", „annehmen und hergeben", „sein Schicksal annehmen müssen", „sich aufnehmen lassen", verbergen. Gewiß sind das vielfach soziale Erfahrungen, die aber im sozialen Zusammenhang nicht aufgehen, sondern einen Symbolgehalt aufweisen, der das unmittelbar Erfahrene übersteigt: Finsternis und Licht, Geben und Nehmen, Gefangen und Erlöst, Versteckt und Gefunden – hinter diesen zunächst rein spielerischen Elementen klingen grundsätzliche Erfahrungen auch religiöser Natur an. Im Spiel identifiziert sich das Kind mit bestimmten Situationen auf kurze Zeit, aber immer wieder, und vermag darin die entsprechende Haltung zu verinnerlichen.
Das beliebte Spiel entwickelt sich durch ständige Wiederholung rasch zum Ritual. In dieser Weise spielt das Kind z. B. auch Beerdigung oder Hochzeit. Es prägt sich damit Elemente stereotyper Verhaltensweisen ein, die Ausdruck einer bestimmten Glaubenshaltung sind. So ist es durchaus kindlich-normal und hilfreich zugleich, wenn Kinder ihr gestorbenes Haustier oder einen toten Vogel von der Straße unter Benutzung von Elementen christlicher Beerdigungspraxis bestatten und sich damit in eine Haltung einüben, die für den Ernstfall angemessene Lebensformen bereitstellt, Lebensformen, die zugleich die Erinnerung an christliche Glaubensinhalte gegenwärtig halten. Von daher ist das Kind für Kult und Liturgie zugänglich, wenn sie ihm in einer ihm mitvollziehbaren Weise angeboten werden.

Bild und Ton. Das Element der Tätigkeit, das „learning by doing" kommt schließlich auch im bildnerischen oder musikalischen Gestalten zum Ausdruck. Form, Farbe (Klangfarbe), Rhythmus können Ausdruck von Freude und Helligkeit oder von Angst, Trauer und Düsterkeit sein, können ein Sich-öffnen oder ein Sich-verschließen bedeuten usw. Das Kind kann in solchem Gestalten seine eigene momentane Stimmung wiedergeben, oder es kann beauftragt werden, eine bestimmte Stimmung, eine bestimmte Eigenschaft oder Haltung darzustellen und sich selbst damit „einzustimmen“. Bild, Form und Musik, Bewegung (Tanz, Gestik, Mimik), Gestaltung von Räumen oder von Zeiteinheiten (z. B. im Feiern) sind Elemente, die sowohl die Rezeptivität als auch die Aktivität des Kindes umgreifen. Denn es kommt darauf an, im Umgang mit Bilderbüchern, mit Schallplatten, mit gemeinsamen Erlebnissen die Kinder die innere Symbolik der Farben, Formen und Melodien, der Bewegungen und Gesten (z. B. des Händefaltens, des Handauflegens, des Handgebens) aufspüren zu lassen und sie damit im Wechsel von Empfangen und Weitergeben zur Selbsttätigkeit zu befähigen (zur Farbsymbolik vgl. Rosenberg oder Jacobi im Literaturverzeichnis).

Meditation. Ein solches Aufspüren grenzt an den Bereich der Meditation. Wir sollten dieses heute so stark gefragte Thema nicht fremden, zum Teil kommerziellen Interessen und Initiativen überlassen, sondern als Aufgabe der religiösen Erziehung anerkennen und einbeziehen. Allerdings werden wir im Rahmen der allgemeinen Religionspädagogik über meditative Ansätze nicht hinauskommen; immerhin liegt darin eine große und reizvolle Aufgabe – Kinder lassen sich von meditativen Übungen viel mehr ansprechen, als viele Erwachsene für möglich halten.
Während das meditative Element des Glaubens herkömmlicherweise der katholischen Praxis vorbehalten war (Tilmann 1971; M. u. J. Spiegel 1973; Geiger 1974), liegen nun auch einige beachtenswerte evangelische Arbeiten zu diesem Thema vor. Eine Einführung in den Sinn und die Möglichkeiten evangelischer Meditation, im Zusammenhang mit praktischen Anleitungen, gibt O. Haendler 1977. Viele gute Impulse für Kinder zwischen fünf und acht Jahren enthält das Buch von Inge Behr 1977. Für das Konfirmandenalter gedacht, aber durch seine grundsätzlichen Ausführungen und nicht zuletzt durch das Literaturverzeichnis weit über diesen Anwendungsbereich hinausgehend, ist das Buch von F. Müller 1977. Besonders die archetypischen Elemente der biblischen Bildsprache eignen sich zu vertiefenden Besinnungen: Das Licht, das Brot, der Weinstock, das Wasser, der Hirte, die Stadt, der Eckstein, der Fels, die Tür, der Weg usw. Diese Begriffe werden dann von allen Seiten umschritten (Was fällt dazu ein? Wo kommt das vor?), die Mehrdimensionalität der Erfahrungswelt wird spürbar, untergründige Assoziationen stellen sich ein. Daneben steht die Natur (der Wald, der Bach, die Stille), das eigene Ich (der Atem, der Herz-

schlag), das eigene Tun, ein Kunstwerk, die technische Welt, der Mitmensch als Inhalt der gegenständlichen Meditation.
Es geht in solchen Bemühungen unter unseren Denkvoraussetzungen nicht um Beschaulichkeit im Sinn einer heilen inneren Welt, die sich von den äußeren Erfahrungen distanziert. Das protestantische Symbolverständnis vermag nicht schon in der Tiefe der Dinge Gott den Schöpfer zu finden, wie das für katholisches Denken Tilmann beschreibt: „Jedes Symbol ist ein Bedeutungs- und Sinnträger. Es ist Bild eines Sinnes, Sinnbild, Symbol. Alles Geschaffene ist Gleichnis, am meisten der Mensch, der Ebenbild Gottes genannt wird. Jedes Ding läßt uns, wenn wir es meditieren, in seine Sinntiefe ein. Diese finden wir analog in uns selbst wieder. Die Sinntiefe aber ist vor allem das, was Gott von sich selbst darin ausdrückt" (1971, 183). Nach protestantischem Verständnis erfüllt das Symbol erst in seinem Zerbrechen seinen Hinweischarakter auf Gott. Aber auch katholische Autoren vermögen heute ähnlich zu urteilen: „Ungebrochen kann die alte Art zu meditieren nicht aufleben. Für uns ist die Welt kein göttlicher Garten mehr, auf dessen Wegen man nur offenen Auges zu wandeln hat, um zu seiner Mitte, d. h. zu Gott, zu gelangen. Für uns ist der Mensch kein Bild, das man nur ‚klug anzuschauen' hat, um in ihm das Ebenbild Gottes zu entdecken" (Sudbrack 29). Vielmehr gilt: „Wenn man den Aussagen großer Christen vertrauen darf, dann gehören Leid, Schmerz, Enttäuschung und auch persönliches Versagen fast unabdingbar zur Meditation" (Sudbrack 100). Aber beide Verständnisse zielen auf das Überschreiten, die Entgrenzung der gewöhnlichen Wahrnehmung (F. Betz). Wenn die Adventszeit die vertiefende Betrachtung der brennenden Kerze nahelegt, so nicht zum Zweck der „Stimmungsmache" im Sinn einer falsch harmonisierenden Friedlichkeit. Zur brennenden Kerze gehört auch das Erlebnis, daß Zugluft sie zum Verlöschen bringen kann, daß man sich dann sein Licht von anderswo erneut holen, seine Kerze an einer anderen entzünden muß. Es bleiben auch genügend dunkle Winkel jenseits des kleinen Kreises, den die Kerze beleuchtet, die nun erst um so dunkler erscheinen, wenn man aus dem Lichtkreis hinaustritt. Indem die Meditation das jeweils Gegebene überschreitet, zielt sie auf Ganzheitserfahrung.

Deutung. Nun ist das Erlebnis „blind" ohne die Deutung. Auch das Kind deutet jedes Erlebnis spontan, indem es dies einordnet in sein bisheriges Erfahrungsschema. Einen solchen anfänglichen Rahmen bringt das Kind aus seiner Vorgeschichte immer schon mit. Mag sein, daß die Erziehung an diesen vorhandenen Rahmen anknüpfen kann, mag sein, daß sie ihn korrigieren muß. Christliche Erziehung besteht darin, daß sie das Erlebnismaterial durch Verknüpfung mit den Symbolen des christlichen Glaubens in einen neuen Sinnzusammenhang stellt. (Daß diese Glaubenssymbole sich ihrerseits an den konkreten Lebenserfahrungen bewähren und realisieren müssen, haben wir oben S. 46ff. schon dargestellt.) Erst durch die Deutung wird die allgemein-menschliche, soziale oder religiöse Erfahrung zu einer christlichen. Wenn das Kind den Beerdigungsritus mit der Aufrichtung eines Kreuzes auf dem Grab verbindet, so ist das Kreuz für das Kind zunächst wahrscheinlich nur ein Zeichen für „Friedhof". Erst durch die Erzählung von Jesus Christus, von Karfreitag und Ostern, wird es zu einem christlichen Symbol. Lieder vertiefen die Erlebnisfähigkeit, aber erst in der Verbindung mit einem entsprechenden Text werden sie zu einem Ausdruck christlicher Erfahrung. Die Kerze ist ein allgemeines Symbol – erst auf dem Hintergrund des Wortes Jesu „Ich bin das Licht" wird sie zu einem christlichen, und die soziale Erfahrung bleibt für die Glaubenshaltung unzulänglich und zufällig, wenn nicht deutlich wird, daß der „Vater im Himmel" in einem Sinn Vater genannt wird, der selbst ideale irdische Vaterschaft übersteigt. Die deutende Glaubensaussage führt zu einer Umstrukturierung des Erlebnisfeldes, das damit eine völlig neue Qualifikation erhält.

Die Bedeutung der Bibel. Mit der Deutung ist der kognitive Aspekt im Aufbau von Haltungen angesprochen. Hier gewinnt nun die Bibel ihre besondere Bedeutung: Biblische Geschichten oder freie bibelorientierte Erzählungen, biblische Bilder oder Bilderbücher, Lieder mit biblischen Inhalten verbinden das Erlebnisangebot mit der Deutung, ja machen die Deutung selbst zum Erlebnis. Biblische Erzählungen, Erzählungen aus der Wirkungsgeschichte des Glaubens, mögen es historische, literarische oder auch eigenbiografische sein, bieten dem Kind Identifikation mit schon gedeuteter Erfahrung an. Sie enthalten also den affektiven und den kognitiven Aspekt zugleich. So können zwar auch Märchen oder kann zeitgenössische Kinderliteratur Erlebnisse erschließen, die dem Aufbau christlicher Haltungen dienen; aber sie bedürfen der Deutung. Die sozialen Erfahrungen oder die Symbole aus der Gegenstandswelt müssen erst aufgebrochen werden („Siehe, hier ist mehr als Jona, mehr als Salomo", Mt. 12, 41f.); die Bibel erzählt von Menschen, die dieses „mehr“ schon erfahren haben oder im Begriff sind es zu erfahren. Menschliche Grundgefühle wie Angst, Rache, Hoffnung, Ehrfurcht werden hier nicht nur im Sinn eines Identifikationsangebotes dargestellt, sondern zugleich in die Gottesbeziehung des Menschen hineingezogen und damit neu gedeutet und neu gewertet. Die Bibel bringt schon jeweils die Entgrenzung der natürlichen Wahrnehmung und das den sozialen Rahmen Übersteigende zum Ausdruck.

Mögliche Mißverständnisse. Deuten heißt also, die biblische Geschichte als die Ursprungsgeschichte und den Motivationszusammenhang aller christlichen Haltungen zu vermitteln, heißt, im freien Gespräch die zentralen christlichen Glaubensinhalte aufleuchten zu lassen, heißt, im Gebet Gott selbst als den Bezugspol aller Erfahrungen anzusprechen. Deuten heißt aber nicht, daß ich mein jeweiliges Handeln jeweils ausdrücklich als in der christlichen Tradition wurzelnd interpretiere. Gewiß kann das im Einzelfall möglich sein, so daß der Erzieher erklärt: Ich kann nur darum jetzt so handeln, weil ich mich selbst von Gott getragen weiß. Das gilt vor allem dann, wenn das Kind die Bezugsperson zur Rede stellt. Eine ungefragte Verknüpfung wird die Ausnahme sein. Allzu direkte Hinweise werden sensiblen Gemütern eher aufdringlich als überzeugend erscheinen. Wenn das Erlebnismaterial, das am Erzieher selbst gewonnen ist, nicht von selbst überzeugt, werden auch entsprechende Erklärungen wenig nutzen.
Deuten heißt auch nicht unbedingt Erklären. Wenn Kinder fragen, sind wir ihnen eine Erklärung schuldig; aber beim Märchen-Erzählen käme kaum jemand auf die Idee, das Märchen unmittelbar erklären zu wollen, und ein Spiel würde für die Kinder uninteressant, wenn sie Erklärungen über die tiefere Bedeutung dieses Spiels anhören müßten.
Deuten heißt nicht, daß zu jedem Spiel, jedem Bild, jeder Tätigkeit jedesmal eine biblische Geschichte herangezogen werden müßte. Die biblische Botschaft wird nicht nur in den Geschichten vermittelt, sondern kann auch in einem Bild, einem Symbol, einem Deutewort präsent sein.
Deuten heißt zunächst nicht mehr als Einweisen in den vorgegebenen Sinnhorizont. Das ist primär noch kein rationaler Vorgang, wie er später vorliegt, wenn das Kind in der Glaubenslehre unterrichtet wird. Immerhin ist mit der Deutung der Anknüpfungspunkt gegeben, an dem die Reflexion schon des Kindes ansetzt, die von der Erziehung

aufzunehmen und weiterzuführen ist. Erlebnisse zu deuten heißt aber nicht schon sie rational zu verarbeiten. Im Gegensatz zu dem durch Erklärung vermittelten handelt es sich hier um ein intuitives vorrationales Verstehen. Das Kind deutet die Miene oder die Handlung der Mutter aufgrund seiner bisherigen Erfahrung intuitiv, ohne daß es den Zusammenhang deshalb rational verstehen müßte. Gerade dieses vorrationale Verstehen, diese Summe von vorwissenschaftlichen Erfahrungen und Vor-Urteilen bilden erst das Material für die rationale Beschäftigung und die Bildung eines rational begründeten und vertretbaren Weltbildes und Glaubensverständnisses.

Deuten heißt schließlich nicht, daß jedes gedeutete Erlebnis zum feststellbaren Bestandteil einer entsprechenden christlichen Haltung würde. Der Aufbau von Haltungen ist nicht in dem Sinn didaktisierbar, daß man punktuell eine der aus der Glaubenslehre abgeleiteten Haltungen aufgreifen und in eine didaktische Einheit umsetzen könnte. Die Haltungen sind komplexer Art und bestehen aus einer Fülle von Elementen. Wichtig ist, daß wir fragen, ob wir nicht unterschwellig Haltungen vermitteln, die dem Glauben widersprechen, oder ob dieses oder jenes Spiel unseren eigentlichen Absichten vielleicht entgegenwirkt.

Das Kind sammelt ständig Erlebnisse, gewollte und ungewollte, geplante und unkontrollierbare. Es geht uns darum, daß immer neue Erlebnisbahnen auf vielfältige Weise im gleichen Schnittpunkt sich kreuzen, der dann mit einem entsprechenden Deute-Impuls verbunden wird. „Wenn so im Märchen z. B. von Enten die Rede ist", sagt F. Betz a. a. O., S. 68 „werden wir erst einmal Enten beobachten, Enten spielen, uns wie Enten fühlen, von Enten singen, Enten malen". Es kommt also darauf an, das gleiche Motiv von allen Seiten her anzugehen.

Beispiel. So spielt man z. B. Blindekuh (im Dunkel tappen, bis man erlöst wird). Man spielt „Ich sehe was, was du nicht siehst" (es gibt Dinge, die wir nicht wahrnehmen, obwohl sie für andere ganz offensichtlich sind, weil wir unsere Aufmerksamkeit gerade auf anderes lenken). Wir versuchen mit geschlossenen Augen bestimmten Geräuschen nachzugehen (Hänschen piep) und damit, uns auf von außen kommende Impulse zu verlassen. Wir schauen das Bilderbuch von der Heilung des Blinden an und erzählen die Geschichte. Wir entdecken und gestalten selbst in anderen Bilderbüchern Licht und Finsternis, Tag und Nacht, dunkle und helle Motive, Licht und Finsternis im Gemüt.

Das gleiche kann an Liedern geschehen. Wir beobachten Sonnenaufgang, Höchststand, Untergang. Wir meditieren über Kerze und Finsternis. Wir lesen Nacht- und Erleuchtungsgeschichten vor. Wir erzählen aus dem eigenen Leben Geschichten, wo es hell wurde oder wo es finster wurde. Wir sprechen über ähnliche Erfahrungen der Kinder. Wir veranstalten eine Lichterprozession (bei einer Christvesper z. B. kann man die Kinder auffordern, hervorzutreten und eine mitgebrachte oder vorher verteilte Kerze an der Altarkerze zu entzünden, auf ihren Platz zurückzutragen und so allmählich die ganze Kirche im Kerzenlicht erstrahlen lassen).
Alle diese über lange Zeiträume hin verteilten Handlungselemente, Gefühlselemente, Erkenntniselemente haben einen gemeinsamen Schnittpunkt, der mit einem zunächst durch Erzählung eingeführten biblischen Deutewort verbunden wird: „Ich bin das Licht der Welt" (die Ich-bin-Worte aus dem Johannesevangelium eignen sich in besonderer Weise zu solchen Deuteworten). Man wird dieses Wort immer wieder einblenden in die verschiedenen Tätigkeiten und Erfahrungen. Es bedarf nicht der gequälten und gekünstelten Erklärung, die alle diese Einzelelemente rational einsichtig mit Jesus als dem Licht der Welt in Einklang brächte. Es geht vielmehr darum, daß in der Erlebnisverarbeitung des Kindes ein Kristallisationspunkt entsteht für die Assoziationsreihe Licht-Sehen-Erleuchtung.

Assoziationslernen. Ein anderes Beispiel wäre die Weg-Symbolik oder die Brot-Symbolik: Durch die häufige Wiederkehr der Deuteworte (Ich bin der Weg, Ich bin das Brot des Lebens; W. Longardt spricht analog dazu von Kehr-Wieder-Geschichten oder -Versen im Sinn von Kehrreimen) bildet sich schließlich ein Raster von Kristallisationspunkten zur Anreicherung und Verarbeitung von Erfahrungen, ein Netz von Verhaltensdispositionen. Auf diese Weise können Einstellungen so erworben werden, daß sie jederzeit verfügbar sind. Lernpsychologisch könnte man von Assoziationslernen (im Sinn E. R. Guthries) sprechen. So wie für den Menschen nach einer Reihe von Erfahrungen die Begriffe Blitz und Donner, Ruf und Antwort, Ich und Du zusammengehören, so können auch Karfreitag und Ostern, Tod und Leben, Mensch und Gott und damit Leiden und Trost, Vergänglichkeit und Hoffnung, Geborgensein und Handeln zu einer in vielfältigen Erfahrungen symbolisierten Einheit werden. Noch weiter reicht der Begriff des Ketten-lernens (Gagné), der ganze Handlungssequenzen wie etwa Mahlzeiteinnehmen, Schlafengehen umfaßt. Eine solche Kette aus einzelnen Verhaltenselementen wird mit der Zeit zu einer feststehenden Verhaltensform. Wenn doch unser Verhalten weitgehend nach erworbenen Programmen abläuft, derer wir uns im Durchschnitt nicht mehr bewußt sind, so können auch christliche Haltungen zu einem bestimmenden Verhaltensmodell werden, dessen wir uns im einzelnen nicht mehr unbedingt bewußt sein müssen.

Gefahr der Manipulation. Verhaltensmodelle so erwerben, daß sie jederzeit verfügbar sind; Deutewort ständig einblenden; Verhalten angewöhnen und trainieren – erinnert das nicht an Werbe- und Propagandamethoden, gegen die wir uns energisch zur Wehr setzen müssen? Bricht hier nicht die Manipulation des Menschen durch?
Dieser kritische Einwand darf nicht vorschnell zurückgewiesen werden. Tatsächlich übernimmt das Kind immer schon Deutemuster von seiner Umwelt, und es ist darauf angewiesen. Wir wissen längst, daß unser Verhalten stärker von vorbewußten Impulsen gesteuert wird als von freien Entscheidungen. Wir wissen, daß gerade unsere wichtigsten Einstellungen, die zum Leben und zu uns selbst, zum Geschlechtspartner, zur Wertwelt und zur Religion, zum Mitmenschen und zur Politik viel stärker von vorrationalen Erfahrungen geprägt sind als von rationalen Argumenten. Aber gerade wenn das so ist: Darf man diese Möglichkeit der Beeinflussung als didaktisches Mittel einsetzen?
Wir meinen, man darf es dann, wenn die Bewußtheit um diese Vorgänge nicht auf Seiten des Erziehenden verbleibt, sondern in wachsendem Maß dem zu Erziehenden mit vermittelt wird. Die Erwachsenen sind den Nachwachsenden Lebenshilfe schuldig, Orientierung in der Welt, Hilfe zur Problembewältigung. Das Leben des Menschen beginnt nicht mit Denken und freiem Entscheiden, sondern mit der Übernahme von Verhaltensmustern, und ohne diesen Vorgang würde das Kind nie bis zum Stand eines denkenden und entscheidenden Menschen gelangen können. Das heißt, daß dem Kind eine Verhaltens- und Orientierungsbasis vermittelt werden muß, bevor es selbständig zu denken vermag. Schließlich ist die angestrebte Kritikfähigkeit selbst eine der christlich motivierten Haltungen, die wir im Kind aufbauen wollen; auch sie kann anfänglich nur durch Übernahme von Verhaltensmustern vermittelt werden. Nicht so sehr in der Art der Vermittlung als vielmehr im Woraufhin der Erziehung liegt die Freiheitschance des Menschen. Gewiß ist das Kind immer auch aktiv an

den Vorgängen beteiligt, indem es nicht nur sich den Erfahrungen und Deutungen, sondern auch die Erfahrungen und Deutungen sich selbst anpaßt (J. Piaget spricht von Akkomodation und Assimilation). Dennoch bleibt es auf entsprechende Vorgaben angewiesen. In jedem Fall beginnt der Mensch seinen Weg mit einem hohen Maß an Unfreiheit – entscheidend ist, wohin ihn sein Weg führt und wie er ihn beendet.

Das Gespräch. Nun wird das Kind von selbst beginnen, sein Erlebnismaterial kognitiv zu durchdringen, denn es will auch rational verstehen – es muß verstehen können, um sich in dieser Welt heimisch zu fühlen: Was ich zu durchschauen vermag, davor brauche ich mich nicht mehr zu ängstigen.
Das Kind beginnt also zu fragen nach allem, was ihm undurchschaubar ist. Das können Gegenstände sein, Apparate, Naturvorgänge, oder auch Verhaltensweisen der Bezugsperson, Riten und Gebräuche.
Wo immer Fragen auftreten, haben erklärende und verdeutlichende Gespräche ihren Ort. Wir werden alle diese Fragen in jedem Fall ernst nehmen, werden die Kinder zu Fragen ermutigen, werden gegebenenfalls selbst Frageprozesse auslösen. Dies ist um so wichtiger, als das Fragebedürfnis vieler Kinder von den Bezugspersonen ständig frustriert wird, zumal wenn es sich auf weltanschauliche Themen richtet, auf Gott und Teufel, auf Tod und Leben, auf den Sinn und die Tragfähigkeit dieses Lebens.
Für das Kind ist es ein dringendes Bedürfnis, diese Lebensorientierung zu gewinnen. Aber in dem Maß, in dem die Erwachsenen solchen Fragen aus dem Weg gehen, verengt sich der Problemhorizont des Heranwachsenden zur Eindimensionalität.

Reflexion. Unbewußtes muß also zunehmend bewußt gemacht werden. Das ist ein Prozeß, der nie als abgeschlossen gelten kann. Wir sprechen vom Reflexionsprozeß. Es war schon vom Anknüpfungspunkt die Rede, der sich von der vorkognitiven Deutung der Haltungen her für die Reflexion ergibt. Reflexion scheint für die heutige Zeit unabdingbar, zumal im Aufbau von Haltungen der kognitive Aspekt immer mit enthalten ist. Nicht schon das Kind, aber der heranwachsende Mensch braucht die reflektierende Durchdringung und Verknüpfung seiner Erfahrungen; deshalb drückt sich schließlich der Glaube unvermeidbar auch in Lehre, in einem System von Glaubensaussagen aus. Die Notwendigkeit reflexiver Durchdringung gilt für den einzelnen heute in höherem Maß als früher. Solange der Mensch die ihn umgebende Wirklichkeit in erster Linie als die prinzipiell gleichbleibende Natur erlebte, wußte er sich in diese Natur voll eingebettet. Auch seinen Stand in der Familie, in der Gesellschaft, vor Gott erlebte er als von naturhafter Ordnung vorgegeben. Seine Religiosität konnte im Mitvollzug vorgegebener Verhaltensformen aufgehen, im Kult, in einer bestimmten Moral, in einer bestimmten Weise der Lebensführung.

Reflexion wird dort und dann notwendig, wo und wenn keine unbefragte Leitung durch Autorität mehr für den Menschen denkbar ist, wenn eine allgemeine Übereinstimmung in den Grundwerten der Ethik nicht mehr gegeben ist (wie sich täglich erweist im Streit darüber, was denn soziale Gerechtigkeit sei, worin denn die Menschenwürde bestehe, wie denn der Weltfriede aufrechterhalten bzw. gewonnen werden könne), wenn der Mensch ständig auf unterschiedliche Normenvorstellungen stößt und entsprechenden Konflikten ausgesetzt ist. Der bloße Mitvollzug, die bloße Teilhabe am vermeintlich Allgemeingültigen genügen dann nicht mehr. Der Normenpluralismus, der Widerstreit zwischen naturwissenschaftlichem Weltbild und Glaubenstradition, das Problem unterschiedlicher Sprachgebräuche und schließlich die Notwendigkeit für den einzelnen, Maß und Ziel seiner Selbstverwirklichung selbst zu suchen, bedingen das ständige Reflektieren über sich selbst und damit auch über den eigenen Glauben und über Gott.

Reflexion und Glaube. Das heißt nun nicht, daß der Glaube von der Reflexion abhängig würde und damit dem (kleineren) Kind von vornherein abzusprechen wäre. Gerade einer solchen Festlegung des Glaubens wollten wir mit unseren gesamten Überlegungen entgehen. Glaube kann sich überall ereignen, „in, mit und unter“ jeder möglichen Lebensform. Das aber soll gesagt sein, daß die für unsere Zeit charakteristische Gestalt oder Verhaltensform des Glaubens die der Reflexion ist. Mit der Reflexion wird der Mensch der Distanz gerecht, in die er zur Natur und damit zur selbstverständlich vorgegebenen Ordnung geraten ist; einer Distanz, die im Vollzug des Reflektierens jeweils überwunden wird. Das ständige Reflektieren versinkt aber nur dann nicht in Skepsis, Relativismus und Resignation, wenn ein erprobtes und verantwortetes Deutemuster fest verinnerlicht ist, das dem Nachdenkenden eine vorrational gefestigte Ausgangsbasis verleiht.

Die Reflexion nährt sich vom Vorbewußten, das andererseits durch die Reflexion kritisierbar wird. Auch Kinder vermögen zu reflektieren, auf dem Hintergrund des bei ihnen vorhandenen Erfahrungsmaterials. Die Intensität des Reflektierens nimmt mit dem Anwachsen des Materials zu und kann unter Anleitung in methodisierte Bahnen geleitet werden. So werden die Deuteworte und Deutegeschichten weiter befragt, lösen Denkprozesse aus, werden in Zusammenhang gebracht. Damit gewinnt allmählich die kognitive Aufarbeitung der Erfahrungen an Bedeutung. Man soll aber nicht meinen, eine religiöse Erziehungspraxis sei unvollkommen oder unzulänglich nur deshalb, weil sie nicht in jeder Phase und an jedem Punkt die Gesamtheit der Erziehungsaufgabe sinnvoll verwirklichen kann. „Lehre" im historischen und systematischen Sinn ist noch nicht Sache des Vorschulkindes, gewinnt aber mit Beginn der Schulzeit an Bedeutung und wird dann auch zu entsprechenden „Lehrgängen", zu informativen Phasen des Religionsunterrichts führen müssen. Schließlich soll der Heranwachsende Haltungen auf ihre christliche Legitimation hin beurteilen können – ein emanzipatorisches Element, das es ihm ermöglicht, die gelebte Haltung seiner Bezugspersonen selbst zu thematisieren. Auf der anderen Seite darf nicht übersehen werden, daß gerade auch die Erwachsenbildung heute auf die frühkindlichen Lernvorgänge zurückgreift. So arbeiten alle Schulen der Verhaltenstherapie mit dem Spiel, mit kreativen Elementen der Farbe oder irgendwelchen Materials, mit den elementaren Formen von Musik und Klangerzeugung, mit dem Nachholen frühkindlicher Bedürfnisse. Der Erwachsene setzt sich diesen Dingen bewußt aus, und darin liegt seine relative Freiheit. Es geht ihm aber gerade darum, durch den Rückgriff auf vorrational-ganzheitliche Erfahrungs- und Lernprozesse seine volle personale Freiheit erst verwirklichen zu lernen. Insofern sind die frühkindlichen Lernprozesse grundlegend und werden die daran gewonnenen Erkenntnisse in allen Formen des Lernens mit Erwachsenen sinnvoll angewandt werden können.

Lernbarrieren. Das wird besonders deutlich an den Lernbarrieren, die in der Regel nicht durch Verstandesarbeit, sondern durch dem frühkindlichen Lernen analoge ganzheitliche Impulse aufgearbeitet werden können.

Ein solches Lernhindernis wurde schon (S. 17) genannt. Es tritt dann auf, wenn dem Menschen die Korrektur seines bisherigen Sinnsystems in einem solchen Ausmaß zugemutet wird, daß seine Identität oder der Sinnzusammenhang seines bisherigen Lebens in Frage gestellt sind. Die Grundhaltung dieses Menschen bestimmt dann seinen Verstand, und er neigt dann dazu, Verstandesgründe gegen diese Lernzumutung ins Feld zu führen. Die Anforderung lautet etwa: Wenn du dem christlichen Glauben folgen willst, müßtest du dein Leben radikal ändern. Die innere Einstellung antwortet: Ich will aber mein Leben nicht ändern. Der Verstand kommt der Einstellung zu Hilfe und stellt Argumente auf, warum der christliche Glaube mit seiner Forderung von Verhaltensänderung unzeitgemäß, unzumutbar, in seinen Voraussetzungen überhaupt sinnlos sei. Eine Dissonanz, ein Mißklang zwischen theoretischem Anspruch und Praxis wird also in der Regel dadurch bewältigt, daß die Theorie der Praxis angepaßt wird. Verstandesmäßige Gegenargumente werden da wenig ausrichten. Es gibt Erkenntnisse, die man nur gewinnt, wenn man Interesse daran hat, sie zu gewinnen (E. Bloch). Das Interesse ist aber in der Regel vorrational begründet. Nun ist gerade die Fähigkeit zur Umkehr, zur Selbstkritik, zum Lernen eine Haltung, die wir vom frühen Kindesalter an zu vermitteln suchen. Aber je weiter das Leben des Einzelnen schon fortgeschritten ist, desto stärker werden wir auf solche Widerstände stoßen, die wir nur dadurch auflockern können, daß wir diesen Menschen behutsam zu ganzheitlichen Erlebnissen führen und ihn in unser eigenes Leben oder das Leben einer Gruppe mit hineinnehmen, damit er dieses notwendige Interesse, oder wie wir heute gewöhnlich sagen, die Motivation zu neuem grundlegenden Lernen gewinnt.

Damit ist der Hinweis auf die Gruppe, auf die Gemeinschaft gegeben. Wir lernen in dem Maß, wie das Gelernte uns zu Erfolgserlebnissen führt. Der Erfolg verstärkt den Lernvorgang und die Lernbereitschaft. Ein wichtiges Erfolgserlebnis ist die soziale Geltung: Wir wünschen, daß das Gelernte uns vor anderen Anerkennung verschafft. Wenn früher einer sich eine gute Bibelkenntnis angeeignet hatte, so konnte er der Anerkennung innerhalb einer stark von der Kirche geprägten Gesellschaft gewiß sein; heute vermag man mit solcher Kenntnis im allgemeinen wenig Eindruck zu machen, es sei denn, daß man selbst fest in die christliche Gemeinde oder irgendeine Form religiöser Gemeinschaft integriert ist. Das betrifft aber nur einen kleinen Prozentsatz der Kinder und Jugendlichen, die an der religiösen Erziehung teilhaben. Bibelkenntnis als solche wird von der Gesellschaft heute kaum honoriert und von den Heranwachsenden daher kaum als Wert erlebt. Das betrifft aber auch die Erlebnisfähigkeit im Sinn eines ganzheitlichen Erlebens oder Sinnerlebens. Unsere Gesellschaft ist vom naturwissenschaftichen und vom kommerziellen Denken bestimmt, das nach dem Grund, der Analyse bzw. dem Nutzen der Dinge fragt. Ein Kind wird in seiner Gruppe – in Abbildung der Erwachsenengesellschaft – etwas gelten, wenn es vom Funktionieren eines Motors Ahnung hat, wenn es aus bestimmten Situationen etwas „herauszuholen" vermag usw. Selbstlosigkeit, Dankbarkeit, die stille Betrachtung einer Blume bringen in den Augen anderer wenig ein. Ganzheitliche Fragen, Interessen, Verständnismöglichkeiten, die beim Kind noch vorhanden sind, werden von der Gesellschaft nicht nur nicht gefördert, sondern weithin ausgelöscht.

Dem mag entgegengehalten werden, daß man den Wert einer Sache nicht von der öffentlichen Zustimmung abhängig machen könne. Es geht hier aber nicht um den „Wert an sich", sondern um das Werterlebnis des Einzelnen, das nun einmal mit seiner sozialen Rolle verbunden ist. Religiöse Haltungen werden in dem Maß verstärkt, in dem sie solche Werterlebnisse ermöglichen. Daraus ist zu folgern, daß die religiöse Erziehung auf die heutigen Lebensverhältnisse und Bedürfnisse des Menschen bezogen sein muß, nicht um sich diesen voll anzupassen, sondern um deren Defizite aufzudecken und zu einer schrittweisen Ergänzung und Bereicherung zu führen. Das heißt aber zugleich, daß es Glaubenshaltung niemals ohne Bezug auf eine entsprechende Gemeinschaft geben kann, die diese Haltung sozial verstärkt – eine Aufforderung an den Einzelnen, die Gemeinde zu suchen; eine Aufforderung an die Gemeinde, ihr Selbstverständnis nicht so eng zu fassen, daß viele Suchende dort von vornherein keinen Raum finden können.

Nun wird aber die neue Bezugsperson oder die neue Bezugsgruppe für einen Menschen häufig zum Projektionsträger: Bestimmte frühere Erfahrungen oder Erwartungen werden auf die neue Bezugsperson projiziert. Die Erzieherin kann Muttterersatz, der Lehrer kann Vaterersatz sein, Widerstände gegen die Erziehungsmaßnahmen der Betreffenden sind dann nicht eigentlich gegen die Sache gerichtet, auch nicht gegen die Person der Erzieherin oder des Lehrers, sondern im Grunde gegen die eigene Mutter oder den eigenen Vater. Man wird solchen Zusammenhängen nachgehen müssen, um unnötige Widerstände eines gedeihlichen Lernprozesses aus dem Weg zu räumen. Die Widerstände können aber ebensogut von der Bezugsperson ausgehen, denn auch sie überträgt hintergründige und unbewußte Einstellungen und

Erfahrungen auf die Kinder. Das Lernklima ist von vielerlei Dingen abhängig, denen man aber auf die Spur kommen kann, wenn man bereit ist, seinen eigenen vorbewußten Einstellungen ebenso nachzugehen wie denen der anderen.

Auch die Bezugsperson muß lernen, und zwar selbst im Rückgriff auf die früheste Lernphase. Unsere Überlegungen sind also nicht eigentlich auf den Elementarbereich beschränkt, sondern auf alle Lebensalter anwendbar. Die enge Lebensgemeinschaft der frühkindlichen Zeit ist das Modell aller späteren – mehr oder weniger bewußten – Lernvorgänge. Die eigentliche religiöse Erziehung geschieht im Lebensvollzug selbst (Stachel 151 f.).

Deshalb kommt es darauf an, daß Lernsituationen geschaffen werden, die dem frühkindlich-ganzheitlichen Lebensvollzug entsprechen, sei es die Schülerfreizeit, die Konfirmanden-, die Familienfreizeit, der Gemeindetag (der über den Gottesdienst hinaus die Gemeinde im gemeinsamen Mahl, Spiel, Meditieren zusammenschließt), die freie Verbindung nachbarschaftlicher Gruppen oder die Gemeinschaft der institutionellen und faktischen Träger der religiösen Erziehung, die wenigstens gelegentlich über bloße Arbeitsbesprechungen hinausgehen sollte. Denn das brauchen wir: Tragfähige Lebensformen, in denen Erlebnis und Deutung glaubwürdig vermittelt werden, Lebensformen, die in der Gemeinde und durch die Gemeinde tradiert werden, und die gleichwohl in der Lage sind, über die Gemeinde im engeren Sinn hinaus menschliches Leben sinnvoll gestalten zu helfen.

LITERATUR

Behr, Inge, Mit Staunen fängt es an. Werkbuch für religiöse Erziehung von fünf bis acht Jahren, Göttingen 1977

Berger, P. L., Auf den Spuren der Engel, Frankfurt 1972

Betz, Felicitas, Erfahrung vorbereiten, München 1976

Biehl, P. und *Kaufmann, H.-B.* (Hg.), Zum Verhältnis von Emanzipation und Tradition, Frankfurt/Berlin/München 1975

Bohne, G., Grundlagen der Erziehung, Hamburg 1958²

Dienst, K., Die lehrbare Religion, Gütersloh 1976

Fraas, H.-J., Glauben – Lernen – Erfahren, in: Bildungsplanung und Erziehungsauftrag im Elementarbereich, hg. v. Comenius-Institut, Münster 1974

–,Religiöse Erziehung und Sozialisation im Kindesalter, Göttingen 1978³

Geiger, H., Meditation mit Kindern, in: Christenlehre 1974, 16 ff.

Hammelsbeck, O., Evangelische Lehre von der Erziehung, München 1958²

Haendler, O., Meditation als Lebenspraxis, Göttingen 1977

Hentig, H. v., Cuernavaca oder die Alternative zur Schule? Stuttgart/München 1971

Jacobi, Jolande, Vom Bilderreich der Seele, Olten/Freiburg 1969

Kittel, H., Der Erzieher als Christ, Göttingen 1959²

Lohff, W., Glaubenslehre und Erziehung, Göttingen 1974

Müller, F., Meditation im Unterricht, Göttingen 1977

Nipkow, K.-E., in: Die evangelische Kirche und die Bildungsplanung, hg. v. d. Kirchenkanzlei der EKD, Heidelberg 1972

–,Grundfragen der Religionspädagogik, Gütersloh 1975

Pannenberg W., Wissenschaftstheorie und Theologie, Frankfurt 1973

Reents, Christine, Erziehung zum kritisch-produktiven Denken im RU der Grund- und Orientierungsstufe, Gütersloh 1974

Rosenberg. A., Engel und Dämonen. Gestaltwandel eines Urbildes, München 1967

Roth, H., Pädagogische Anthropologie, Hannover 1966

Schlink, E., Theologie der lutherischen Bekenntnisschriften, München 1948³

Spiegel, M. und *J. F.,* Arbeitshilfen für die religiöse Erziehung im Vorschulalter, München 1973

Stachel, G., in Handbuch der Religionspädagogik, hg. v. E. Feifel u. a., Bd I, Gütersloh 1973

Sudbrack, J., Meditation: Theorie und Praxis, Würzburg 1971

Tilmann, K., Staunen und Erfahren als Wege zu Gott, Zürich/Einsiedeln/Köln 1968

–,Die Führung zur Meditaion, Zürich/Einsiedeln/Köln 1971

Uhsadel, W., Evangelische Erziehungs- und Unterrichtslehre, Heidelberg 1961²

Wilhelm, Th., Theorie der Schule, Stuttgart 1967

Wolf, S., Evangelische Unterweisung und innere Schulreform, München 1959